THiNKr
新思

新一代人的思想

病菌、基因与文明

GERMS, GENES, & CIVILIZATION

传染病如何影响人类社会

HOW EPIDEMICS SHAPED WHO WE ARE TODAY

DAVID P.CLARK

[英] 戴维 · P. 克拉克——著　　邓峰　张博　李虎——译

中信出版集团 | 北京

图书在版编目（CIP）数据

病菌、基因与文明：传染病如何影响人类社会 / (英) 戴维·P.克拉克著；邓峰，张博，李虎译. -- 北京：中信出版社，2020.10（2022.3 重印）

书名原文：Germs, Genes, & Civilization: How Epidemics Shaped Who We Are Today

ISBN 978-7-5217-2269-7

Ⅰ. ①病… Ⅱ. ①戴… ②邓… ③张… ④李… Ⅲ. ①传染病学—影响—世界史—研究 Ⅳ. ①K107

中国版本图书馆CIP数据核字(2020)第183036号

Authorized translation from the English language edition, entitled GERMS, GENES, & CIVILIZATION: HOW EPIDEMICS SHAPED WHO WE ARE TODAY, 1st Edition, ISBN:9780137019960 by CLARK, DAVID, published by Pearson Education, Inc.

病菌、基因与文明——传染病如何影响人类社会

著　　者：[英]戴维·P. 克拉克
译　　者：邓峰　张博　李虎
出版发行：中信出版集团股份有限公司
（北京市朝阳区东三环北路 27 号嘉铭中心　邮编　100020）
承 印 者：河北鹏润印刷有限公司

开　　本：880mm × 1230mm　1/32　　印　　张：8.5
字　　数：177 千字　　插　　页：16
版　　次：2020 年 10 月第 1 版　　印　　次：2022 年 3 月第 5 次印刷
京权图字：01-2020-1465
书　　号：ISBN 978-7-5217-2269-7
定　　价：59.00 元

CONTENTS

目录

PREFACE

前言

劳碌的世人总幻想命运掌握在自己手中。本书则认为，现实中掌控人类活动的多是肉眼看不见的微生物。近来有研究发现，动物在发育时体内若缺少天然细菌，它们的免疫系统就会出现缺陷，其健康状况会不佳。由此可见，我们人类和其他动物的健康成长均依赖于细菌。拉广视角，我们现在知道微生物保证了全球生态系统的正常运作，为这颗星球的健康出了一份力。那些回收利用养分、降解废物的“好”细菌的数量，要远多于威胁人类健康的“坏”细菌。

本书要讨论的是介于微观的个体成长发育和宏观的行星生态学这两者之间的问题，即微生物如何左右了重大历史事件的发展轨迹，以及它们如何塑造了文化趋势。此外，本书还会涉及这样一个议题，即人体对传染病的抵抗力是如何出现的，这种抵抗力是基因突变和自然选择的结果，并改变了人类的行为。

本书不是一本关于公共健康、医学和微生物学的历史著作，不过书中确实会涉及这些主题。本书描述的是自文明发端以来，传染病是如何塑造与改变人类个体和人类社会的。疾病影响着文化与宗教信仰，也决定着战争的结果与重大历史事件的走向。对感染者来说，罹患流行病无疑是一场不幸的悲剧，但我在这里试图呈现的是如何从长期角度看待流行病的积极影响。

从哲学上说，人类对自然的看法，在一段时期里始终徘徊在“自然是完美的”和“自然应为我所用”这两者之间，而现在的我们正在告别这些观点。疾病学领域有个古老的说法称，感染原会在漫长的岁月里与宿主相调适。所以不管什么疾病，最终都会变得不比一场重感冒更糟糕。其实，这种看法是在承认进化的同时，设想一种乌托邦式的未来。近来人们意识到，虽然有些疾病会变轻，但也有一些可能会进化出更强的毒力。在现在的人类眼中，大自然更像是一场各种生命形态之间的军备竞赛，比的是谁能部署更复杂的基因战略。

这种更现代的观点还带有这样一种意味，即让我们意识到看待历史事件的视角是很重要的。物种因为进化而改进，其中必然包含了大量不适应的个体的死亡。将这套达尔文式的观点套用在人类自己身上，我们就得以看清，瘟疫导致的大量死亡在个人层面固然是悲剧，但从长远的角度看，瘟疫也有积极作用。

这类积极的作用多种多样，有的基因突变能让人类对流行病

（通常有传染性）有更强的抵抗力，还有些积极作用则很难定论与量化。流行病无疑影响了很多战争与冲突的结局。至于流行病的干预是好是坏，则明显取决于你站在阵营的哪一边。有一点比较明确，那就是西方能出现一个基于技术的自由社会，少不了流行病的贡献。但要说流行病对宗教信仰和人类行为有哪些影响，这就比较难得到确切的答案了。

DNA（脱氧核糖核酸）技术与人类遗传学方面的现代进步产生了大量数据，分析和检验这些数据还需要时间。未来若干年中，我们将揭示传染病、抵抗力以及基因突变之间的许多关联，这些基因突变影响的不仅是人体的生理特征，还有人脑的活动与发展，进而影响着人的行为。可以说，我们正身处激动人心的时代！

戴维·克拉克
伊利诺伊州卡本代尔

THANKS

致谢

谨在此感谢唐娜·米勒（Donna Mueller）对初稿的评论，以及柯克·詹森（Kirk Jensen）在修改数版稿件时提供的长期编辑支持。

I

导言：人类对疾病的亏欠

Introduction: our debt to disease

5 世纪初，阿提拉麾下的匈人横扫欧洲，他们没遇到什么像样的抵抗。世间曾经最伟大的文明，罗马帝国，此时风雨飘摇。再狠狠来上一下子，它就要分崩离析了。但诡异的是，就在即将摧毁罗马之际，阿提拉撤退了。这是怎么回事？

许多个世纪里，官方解释都说是上帝在冥冥之中保护了教廷所在地、上帝之城罗马。直到近现代，这类超自然的答案失去了魅力，这个问题才再度浮现出来。有人说，是罗马的神圣震慑了阿提拉。那么问题是，为什么一个异教徒统帅要敬畏一个基督教中心？阿提拉不是什么无知的野蛮人。他曾邀请罗马和希腊的工程师前往匈人领地安装盥洗设施。他对罗马文明的尊重显然是基于现实主义而非宗教的。另一个理论是，阿提拉害怕无人照管自已位于现今匈牙利境内的新国土。那他为什么要大老远跑到罗马去，晃悠了好一阵子才返回？无论怎样，所有解释都基于同一点，那就是阿提拉确实应该是抱着征服罗马的念头出兵的，只是最后半途而废。

越来越多的现代证据表明，阿提拉是折戟于一场严重的流行痢疾，或是类似的疾病。他的多数将士病得无法骑马，还有大批士兵死亡。一句话，救了罗马的是细菌。古人不知道有细菌这种东西存在，所以多数古代文明相信，流行病是天神们表达自己不悦的主要方式之一。在《圣经》中，瘟疫通常是对恶行的惩罚，被罚的对象既有违逆上帝指示的以色列人自己，也有外来的侵略者。例如，一场流行病把圣城耶路撒冷从亚述入侵者手中拯救了下来——这仿佛是阿提拉罗马城下退兵的预演。于是，上帝拯救罗马这种早先的解释被现代科学重构了。

在急于把细菌登记成罗马的荣誉公民之前，我们还要考虑事情的另一面。阿提拉能进军罗马，一个主要原因便是早先发生的瘟疫让罗马败落到了这步田地。在匈人冲进欧洲之前，罗马就已经历过数次灾难性的流行病。所以，这些微生物到底站在哪一边呢？

今天这个时代，洪水、地震、火山爆发都被视为“天灾”——至少保险公司是这么想的。这种说法暗含的一个意思是，无论是受害者，还是其他什么人，都不需要为灾难负责。这其实是不诚实的说法，执意要把家安在洪泛区或是地震带的人，至少是有部分责任的。类似的是，没有充分的理由，流行病不会随时随地、平白无故地落到某群人头上。无论是席卷罗马的瘟疫，还是战胜阿提拉匈人大军的病灾，都不是随机暴发的。更重要的是，两者的来源是有关联的。

在阿提拉之前，罗马也曾侥幸逃过蛮族部落的劫掠。有那么几次，看起来罗马人已经穷途末路了，但他们总能逃过一劫。这里自然有罗马人自己的功劳，他们有非比寻常的坚定意志，不会轻易投降。不过，悄无声息、无影无踪的微生物军团的功劳也不应被忽视。今天的我们不难理解一个过度拥挤、缺少卫生设施的古代城市为什么会持续暴发瘟疫。令人难以理解的是，为什么疾病会如此频繁地插手战事，在一次又一次的蛮族进攻中保护同一座城市。

我们不妨想象一个正走在城市化之路上的古代社会，比如巴比伦、雅典或者罗马，这种扩张中的城市会有大量人口涌入，城市规模远远大于周边的群落。就传染病的传播而言，通常传播效率在拥挤的城市要比在人口稀疏的村庄和偏远地区更高，所以城市出现瘟疫只是早晚的事情。届时这座城市的人口会大幅减少，而且在一段时间里它会易受攻击。但如果这座城市能恢复元气，它的大部分人口就对同样的瘟疫有了抵抗力。换言之，率先对当地某种传染病形成抵抗力的是更为密集的人群。等战乱再次爆发的时候，调拨的军队和迁徙的难民就会在战区四周散播传染病。和城邦相比，乡村或小城的人群抵抗力较差，所以瘟疫总是站在大城市那一边。

一旦某座大型城市遥遥领先于其竞争对手，瘟疫就会使其固若金汤。古罗马发生的事情就是如此。在罗马早期，一连串人们至今也搞不清名字的流行病让当地哀鸿遍野。后来，但凡蛮族部落逼近，这些侵略者就会被大流行病击垮，而同样的疾病对罗马人影响轻微。假如匈人保留游牧生活方式，他们受流行病的影响会很小。即便偶有劫掠者在拥挤的定居点患上传染病，瘟疫也很难在分散的、规模不大的游牧群落中传播。可一旦匈人集结成军，处于集中领导之下，那么形势就会发生巨变。一方面，先前没接触过瘟疫的匈人缺少抵抗力；另一方面，他们现在又聚集在一处，给微生物扩散搭建了温床。从某种程度说，介于游牧与城市化两者之间的脆弱处境，才是阿提拉悲剧的根源。

凭借早先感染而形成抵抗力的社会，会得到瘟疫的优待。这是一条对人类历史有着广泛影响的原则。它不仅在旧大陆上导演着帝国的生死存亡，还在欧洲入侵者占领美洲的过程中扮演了重要角色。

流行病对基因突变的选择

直到最近，专业人士才开始了解古代流行病。他们发现这些疾病导致了人类基因组中日积月累的改变。数千年间，不怀好意的微生物不停地进攻着人类，给人类带来了巨大的伤亡。每一次人口因传染病大减，基因选择就会发生。对于携带着这些突变基因的人来说，即使基因突变带来的抵抗力有限，他们的存活概率也会大增。相应地，这些人的后代也会在幸存人口中占据较大比例。

流行病持续出现导致的结果就是在漫长的岁月里，独有的基因突变可以保护现在的我们免遭许多传染病的侵害。人类的DNA序列里至今携带着这些改变，而且近来有研究显示，这种基因突变会持续发生，不少还是在近期出现的。所以，从很多角度看，是疾病造就了人类。

不过，就像命运总有曲折与反复，抵抗力的产生也有副作用，副作用导致了一些为人熟知的遗传缺陷。镰状细胞贫血就是抗疟基因的产物。某些肠道疾病会导致腹泻与脱水，对这些疾病的抵抗力又同囊性纤维化（cystic fibrosis）有关。单个拷贝的囊性纤维化突变基因可以减少水的流失，从而抵抗一系列症状为脱水的危险疾病，但两个拷贝的囊性纤维化突变基因则会大幅减缓水在肺部的流动。这种突变基因有一份拷贝就可以抗病，有两份拷贝则会导致遗传缺陷。

囊性纤维化是个绝佳的例子。这种突变基因在欧洲西北部人的祖先身上异常普遍。基于突变率和群体遗传学（population genetics）的演算显示，这些突变的数量在罗马帝国崩溃后迅速增多。帝国的崩溃导致公共卫生设施，尤其是提供清洁水的设施大面积被毁，因此，水源性肠道疾病如野火般蔓延开来，直到能提供抵抗力的突变在越来越多的人中出现，情况才好转起来。

疫云背后的希望：人类对疾病的亏欠

流行病介入历史的方式表明，疾病不都是坏事。一场流行病导致的后果可能相当复杂，尤其是从长期来看。具体的后果是“好”还是“坏”，一方面取决于我们自己的立场，另一方面取决于我们到底看重长期结果还是短期结果。本书将指出流行病的积极作用。我这样做不是因为疾病从总体上看是有益的，而是因为人们往往忽视那些不太明显的、以副产品形式出现的益处。假如整个社会赶上大瘟疫肆虐，很明显，人们的反应是竭尽全力阻止它，而不是坐下来幻想它对以后的几个世纪会有什么好处。

传染病是人类的敌人，我们会有这种看法并不稀奇。当疫苗接种成功扫荡了类似天花这样的恶疾后，我们不会因为灭绝了这种独特的生命形态而悔恨。在人类历史的长河中，传染病导致的死亡人数要多于战争、饥荒或者其他任何原因导致的死亡人数，在得知这一点后，我们只会更加坚持自己的观点。确实，我们在同传染病的战斗中取得的一些胜利，当属现代人类了不起的成就。今天大多数工业化国家控制住了传染病。和一两个世纪前的祖先不同，现在的人类主要是死于心脏病和癌症。更长的寿命让我们有时间反思这个问题的另一面，在这里我想提出的是，虽说看似矛盾，但人类其实亏欠疾病很多。

这种视角并不单纯是天马行空的思维游戏。那些至今还威胁着人类的传染病要么是以一种狡猾的方式使人患病，要么是出于其他复杂的原因而仍然危险。今天一个经典的例子就是艾滋病。

这种疾病并不直接夺走人的性命，而是损害人的免疫系统，使其无效，让别的疾病乘虚而入。所以，人类现在或许也该采取更迂回、更具颠覆性的心态来看待传染病了。

漫长的岁月彰显了疾病的正面作用。不错，假如你腋下冒出大块黑色脓肿，不久后将死于腺鼠疫，那你肯定很难保持客观。虽然黑死病在中世纪欧洲肆虐的时候杀死了很多人，但从全球和未来的角度看，那场病灾确有益处。它撼动了封建制度的压迫，而且从长期来看，它对西方民主的进化有着重大贡献。

疾病的负面影响是有千百万人因瘟疫流行而痛苦离世，而要讲正面影响，我们就不应忘记，如果工业化民主被大大延迟，那么还会有千百万人在苦难与贫穷中离世——人类对流行病的恐怖记忆经常会让我们忘掉后者。如果封建制度留存至今，会有多少孩童死在襁褓之中，这点虽然难以确证，但只要比较一下，我们就会一目了然——在工业化民主制度出现前，婴儿的死亡率一直高达30%~50%，而今天这一数字不到1%。很明显，千百万的性命被救了下来。

至于个人层面，达尔文在搭乘“小猎犬号”绕南美与加拉帕戈斯群岛考察时，可能感染了南美洲锥虫病。患病后他的身体变差，以至于他在余生的大部分时间里不得不待在家中。既然不能远行观察自然并收集标本，他就安心坐在家里思考生物从何处来的问题。最后，他完成了几个世纪里最具影响力的一本书——《物种起源》，应该说，这段居家时光功不可没。

如前所述，这些间接后果是“好”还是“坏”，取决于你判断的立场。我们应该考虑的是个人的幸福，或者某一群体的利益，还是全人类的总体福祉？进一步说，我们该怎么定义人类的“福祉”？不管你持何种观点，传染病对于历史进程的改变都起到了不可否认的重要作用。思考某些疾病是“好”还是“坏”，也不能说完全是空想。有些疾病，例如腺鼠疫，从长期来看对人类社会这个整体来说或许有些正面意义，而另一些，像昏睡病（刚果锥虫病），则毫无益处可言。不论我们秉持何种道德立场，一场流行病对部族兴衰、国家命运甚至大洲前途的影响和它对受害者个体的影响，可能都是截然不同的两回事。

大浪淘沙

瘟疫在漫长的岁月里塑造了人类的文化与基因。在仔细探究这些长期影响之前，我们先要看看在疾病流行时人类文明发生了什么。人口会随时间增长，人群也会渐渐聚集在乡间村镇，再聚集到城市中。随着文明的进步，人口会越来越多，人口密度也会越来越大。当人挤在一起时，传染病迟早会借机传播开来。

我们先来看看几种高致死率的传染病（例如天花、埃博拉、腺鼠疫）。每当瘟疫在社会上走一遭，就会有相当一部分人丧命。幸存者繁衍下一代，人口再度逐渐增长。一旦人口足够稠密，另一场流行病又会袭来，周而复始。在经历许多代人之后，对这些疾病有抵抗力的基因出现了，致命的瘟疫就弱化成了儿童疾病，或许还将彻底消失不见。同时，新型传染病又会出现，接替老的传染病的位置，开始传播。

要理解流行病的长期影响，我们先要明确至关重要的一点，即因病致死的可能性并非人人一样，也不是随机的。某些人群就是更容易受到传染病的侵害。这里先讲一些完全或主要属于生物学的因素。

首先，老年人与幼童是易感人群。这是因为人体的免疫系统在幼年还未发育成熟，而到了老年又开始衰退。与之相反的情况是，有的个体会对某些传染病免疫。在今天，这类免疫多是人为接种疫苗的结果。在这之前，人体一般只有通过亲自患病并存活下来这种硬碰硬的方式，才能获得免疫力。

其次要说到能对疾病产生抵抗力的基因。前面提到的免疫力，是一个人在一生中获得的。而基于基因的抵抗力是靠几代人的继承得来的。对不同疾病来说，人与人的天生易感程度千差万别。当一群人都感染了某种危险的疾病后，其中具有遗传性抵抗力的人通常存活概率更大。因此，继承的抵抗力是通过数代人的时间逐渐形成的。例如在亚洲和欧洲，最早关于天花的可靠记录显示，当时此病的患者死亡率至少为 75%。然而在那之后的 1 000 年里，死亡率降到了 10%~30% 左右。天花传到美洲时，印第安人的病死率也在 75% 以上。所以说，一种致命疾病在先前未曾接触过它因而没有机会形成抵抗力的人群中造成的危害更大。

到底哪些人群是易感人群，这还受很多其他因素的影响。有些因素主要是生物学上的，有些则基本上属于社会范畴。一个例子是那些饮食不佳、居住条件糟糕、保暖不足、生活环境潮湿、卫生不佳的人，他们染病的风险比能吃饱、穿暖、保持清洁的人更大。显然，人口密度越大，传染病就越容易传播。这些因素既受社会条件影响，也受生物学层面的影响。

很多这样的因素是混在一起的，人们很难区分清楚。要是直接点说，那就是穷人更容易得传染病，而且患病后更容易死亡。这或许很不公，但这就是人类现实社会的真相。今天工业化国家与第三世界之间的差别就再明显不过地揭示了这一点。话说回来，在有文字可考的历史中，拥有财富与地位都是有好处的。即便是在人猿与狒狒组成的社会里，地位高的动物也更容易吃饱，这就有助于它们抵御多种传染病。

那么你要怎样变富，怎样实现阶级上升呢？当然，一种方法是从父母那里继承金钱或社会地位（与基因继承不同）。不过这忽略了你的祖先是怎么发家致富的。有能力、有干劲、有魅力、健康、勇敢的人更容易走到社会上层吗？还是说寡廉鲜耻、贪婪、腐败的人更容易爬到上层？不管你支持哪种方式，你都得承认，在一场致命的瘟疫中，上层人要比底层社会中的人死得少。

本书想传达的信息

劳碌的世人总幻想命运掌握在自己手中。本书则认为，传染病已经对人类的历史与文化造成了巨大却尚未被承认的影响。本书还要进一步阐释，人类历史从未摆脱高致死率流行病的侵扰，而这些流行病又在幸存者身上选择出了重大的基因突变。包括“人类基因组计划”在内的现代 DNA 分析显示，人类的某些基因已经发生了改变，而且还有更多的变化尚待发现。

一些基因突变的影响主要是身体上的，但也有一些则可能影响人脑和人的行为。例如，有尚未被完全证实的理论认为，一些促使人患上精神分裂症的基因突变，也有可能保护人不受某些病毒感染。迄今为止，相关的基因尚未被完全识别出来。

在深入这些议题之前，我们需要理解这样一点，即许多传染病出现的历史非常短，是在农业发展起来并且人定居到村镇和城市之后才出现的（见第 2 章）。我们还需要知道，在相对短的历史时间段内，病毒的毒力会因为传播方式不同而发生变化（见第 3 章）。

2

病从何处来？

Where did our diseases come from?

非洲：人类与疟疾的起源地

非洲是人类的起源地。我们这个物种可能是在10万年前出现在那里的。从非洲出发，人类扩散到中东，继而扩散到全世界。我们身上多数古老的疾病都曾在非洲祖先身边（或体内）演化。这不是什么稀奇事。人类这个物种，就是在不断接触寄生虫的过程中成长的，例如可以引发昏睡病的锥虫，还有导致疟疾的疟原虫。

许多疾病已经适应了热带环境，因此无法随着人类的祖先来到较寒冷的地区，尤其是许多寄生虫需要温暖的气候才能生存，它们没能适应温带。人体内的环境基本不会变化，于是，一种病原体在某种气候下的存活概率，取决于它在人体外要花多长时间找到新的感染对象。那些可以直接进行人际传播的细菌与病毒几乎不受这种因素的影响。有的蠕虫类寄生虫，它们的卵要在河水或湖水中发育，然后才能继续感染人类宿主，所以受这种因素影响很大。依靠昆虫传播的疾病对气候的依赖性也很大，因为相关病媒生物，也就是昆虫，一般活不过寒冷的冬天。这样一来，人类祖先在走出热带的时候，就把疟疾、昏睡病、黄热病，以及其他许多虫媒疾病留在了故乡。

在热带地区，这些疾病至今仍是一个重大问题。按照世界卫生组织的说法，每年被诊断出患疟疾的病例有5亿左右，死亡患者略多于100万，其中多数在非洲。在死亡患者中，大约一半是不到5岁的孩童。在现代，艾滋病取代了疟疾与结核，成了主要的致死传染病，其导致的死亡人数在300万左右。（腹泻与呼吸道感染仍然是致死率较高的疾病，但这两种疾病都有数个不同的感染原。）结核病每年夺走大约150万人的生命，稍多于疟疾，不过结核病的病例数量在1 000万上下，远少于疟疾的5亿。因疟疾病故的患者相对较少，但感染这种疾病会终身乏力，这不仅会影响他们的工作，还使其容易患上别的疾病。

疟疾在过去有多严重?

有些说法认为，在人类历史上，疟疾夺走的性命要比所有战争和其他所有瘟疫加起来夺走的都多。若是把所有传染病看成一个整体，死在它手上的人数肯定远高于死于战争的，但是并没有令人信服的证据证明，疟疾比其他所有传染病加在一起还厉害。虽然在非洲和其他热带地区，很多人因疟疾死去，但美洲在被欧洲人殖民前是没有疟疾的。此外，虽然疟疾在现代还在欧洲沼泽地区肆虐，但位于温带的欧亚大城市却没怎么受其影响。还有，在现代人口爆炸之前，非洲和其他热带地区，也就是疟疾成为其地方病的地区，人口密度相对较小。

即便在非洲，这个人类与人类早期疾病进化的摇篮，疟疾真的在几百年前就是当地的头号杀手吗？今天，多数致命的疟疾是由恶性疟原虫引发的，而另外三种疟疾的病症都相对轻微，而且很少致死。虽然恶性疟原虫现在从非洲传到了整个热带地区，但能够对其产生抵抗力的镰状细胞突变却只出现在非洲恶性疟原虫疟疾暴发地的人身上。事实上，镰状细胞性状本身的极大危害性就意味着，这种对恶性疟疾的抵抗力是一种近期出现的、急性的适应性进化。若时间再长一些，人们对恶性疟疾的抵抗力应该会增加，并且毒副作用也较少，就和人们在对抗包括轻微的疟疾类型在内的其他许多疾病时出现的情况一样。这也意味着，恶性疟疾出现的时间相对较晚，而且在人类早期历史的很长一段时间里，疟疾的病症是较轻微的，即便在非洲也是如此。

还需要提到的是，在被西方殖民前的非洲，许多其他早已被西方技术基本根除的疾病依然活跃。今天，黄热病和疟疾相比可能算不了什么，但在殖民时代初期，前往热带地区的海员很惧怕这种疾病，至少把它和疟疾同等看待。还有，对于许多西非部族来说，天花才是过去最可怕的疾病——这种疾病现在已经被根除。虽说在现代技术的猛烈攻势下，疟疾比其他疾病存在的时间更长，但这不代表在别的疾病得到控制之前的岁月里，疟疾是头号杀手。

人类的旅伴

在陪伴我们这个物种一路成长，而且今时今日依然算严重的疾病中，疟疾是最知名的一个例子，然而这并不意味着疟疾是唯一自人类出现以来就伴随着我们的疾病。肺结核、疱疹和伤寒也是很有名的例子。这就提出了另一个问题：在患者群体既稀少又分散的时候，传染病是怎么逃到人类起源地之外的呢？

我们先来看一种比较“年轻”的疾病，例如麻疹。这种只在人类身上出现的疾病传染性强，而且其人际传播不需要依靠昆虫或其他病媒生物。患者病愈后可获得免疫力。如此一来，麻疹就需要不断寻找新的感染对象。当麻疹把一个与世隔绝的小部族的成员全部感染后，它就无处可去了。所以说，麻疹这样的疾病是无法长期存在的，除非一个文明为它提供了密集的患者群体。很明显，麻疹不是人类的原初疾病，它的起源我们留到后面再来讨论。

对于疾病来说，想要避免麻疹这种尴尬的境遇，一种方法就是出现在多种动物身上，疟疾和昏睡病就是这样。另一种方法是在宿主体内休眠，等到发现新的传染对象时再活动。由病毒引发的疱疹，还有由细菌导致的伤寒和结核，都是用了这种方式。疱疹病毒家族的成员可以在神经细胞中潜伏数年，随后由精神压力引发出现，之后再传播到新的患者身上。导致伤寒的细菌可以藏在人类的胆囊中，宿主本身没有症状，却可以不断地感染他人。结核病由结核分枝杆菌引发，可以在肺部休眠。

新石器时代，也就是农业定居群落刚刚出现时（公元前9000年之前）的人类遗骸中就有伤寒感染的迹象。人们给年岁早于欧洲征服时代的秘鲁木乃伊照X射线时发现了结核病的痕迹，这意味着美洲印第安人早在1万~1.5万年前穿越白令海峡时，身上就带有这种病。而从这些木乃伊中提取的结核菌DNA的特征则证实，他们当时患上的确实是结核病。更加古老的病例来自土耳其，一个50万年前的直立人的头盖骨上有结核病的迹象。

人们一度认为，结核病可能是牛传给人的，牛会患上一种与结核病极为相近的疾病。然而近来的DNA分析指出，事实恰恰相反——是我们人类在驯养牛之后把结核病传给了奶牛。

许多人类疾病源自动物

尽管DNA新证据洗清了奶牛传播结核病的冤屈，但人类今天的多数传染病确实来自其他动物。与后来的人相比，史前时代过着采集狩猎生活的人类似乎不那么容易得传染病。美洲印第安人对源自旧大陆的、横跨大西洋而来的多数病毒异常易感，这说明美洲大陆的原住民此前从未接触过这些疾病，也意味着这些疾病出现于美洲印第安人的祖先与他们的亚洲近亲分道扬镳之后，他们的分化发生在大约1.5万年前。因为把这些疾病输入美洲的明显不是最早迁徙到美洲的部族，所以天花、麻疹等人类疾病的历史理应短于1.5万年，或许还更短。

在得出结论前，有一点需要注意。疟疾是一种远古疾病，这件事我们有相当的自信可以确认。然而，我们也该看到，在同旧大陆重新建立联系前，疟疾并未出现在美洲印第安人身上。其原因是，疟疾由蚊子携带，而蚊子在人类从热带迁徙到亚洲较冷的地区时没活下来。所以，早在美洲印第安人的亚洲祖先进入美洲大陆前，他们就已经把疟疾留在了身后。当谈到新大陆人对某种疾病易感的问题时，我们一定要记住这一点。其他无法在较冷气候中存活的疾病，就算没有被带到美洲，它们也可能很古老。

我们还应该注意到，除了狗之外，美洲印第安人没有旧大陆那些驯化的动物。在穿越白令海峡的年代，牛、绵羊、马和猪尚未被那些跨越海峡的部族驯化。很多人类疾病来自这些动物。因为美洲的第一批殖民者没带上这些动物，他们在迁徙后也就不可能染上相应的疾病。

随着人类扩张至全球，人口越来越密集，人类这个物种就成了传染病的天堂。在这个星球已知的历史中，没有其他任何一种大型动物，其个体聚集得如此拥挤，等着瘟疫来侵袭和蔓延。在漫长的岁月里，只要原初宿主接触到人类，传染病就会传过来。多数疾病的源头都可以追溯到与人类关系密切的动物身上。这里说的动物不仅是人类主动驯养的那些，还有在人类定居点跑进跑出的老鼠一类。即便到了今天，多数城镇里的啮齿动物数量都超过人类。

类似的情况也出现在拥挤的家畜和密植的作物中，与它们相关的野生动植物会向它们传播疾病。渐渐地，其中一些会传播到人类身上。在今天，由于残余的丛林和雨林正在被考察和采伐，更多新型疾病出现了。拉沙病毒、汉坦病毒以及埃博拉病毒跳到了人类身上——我们是它们无处不在的宿主。灭绝其他大型动物，这件事人类干起来相当拿手，但这些动物身上的许多疾病却留在了我们自己身上。

近现代由动物传播的疾病

在希波克拉底著书写作的公元前 5 世纪，古希腊人并不知道天花、麻疹、腺鼠疫（一种亚洲疾病）、梅毒（美洲输入）、黄热病（来自非洲）、麻风病这些疾病。他们了解的是疱疹、伤寒或斑疹伤寒（或许两者兼有）、破伤风、阿米巴痢疾、风湿热、衣原体（有的种类可以传播性病，有的种类可以导致沙眼）疾病，还有淋病（或者某种非常类似的疾病）。

在公元4世纪的中国，葛洪撰著的《肘后备急方》列出了疟疾、丹毒、伤寒、痢疾和霍乱。与古希腊时候相比，这时的人类知道了麻风和天花，这意味着这两种病出现在大约2 000年前。这些文献连同各式各样的古代记录表明，我们今天熟知的很多疾病在历史早期并不存在，是在最近1 000年左右才出现的。

在文明提供了足够拥挤的传染对象后，病毒性疾病才来到人类身上。病毒性疾病包括流行性腮腺炎、麻疹、风疹（德国麻疹）、天花、脊髓灰质炎、流感，还有普通感冒。至少，我们那些以采集狩猎为生的先人不用担心一个大喷嚏把猎物都吓跑！在各种动物身上，人们都能找到这些病毒性疾病的近亲。在感染人类之后，它们花了好几个世纪的时间来适应新宿主，而且很多时候失去了感染原来宿主的能力。有证据表明，有几种疾病在原初状态下毒力更强，只不过随着年月的推移变弱了。

上述所有疾病，患者在康复后都会获得免疫力。这样一来，这些病毒就需要源源不断的新宿主。流感和感冒确实会年复一年地感染同一批人，但历次流行都源于新进化出来的毒株。新毒株或许会再度感染你，但你对前些年感染你的流感或感冒病毒毒株是永久免疫的。

总览人类疾病史，天花算是非常“年轻有为”的一个。它在

20世纪的时候还很厉害，即便对于旧大陆的人来说也是如此。人们曾以为天花是牛痘的变种。但近来的遗传学分析显示，骆驼痘与天花的亲缘关系最近，所以这种疾病可能是在中东从骆驼身上传到人身上的。

最早有关天花流行的记录出现在《古兰经》中——这也印证了这种疾病起源于中东。569年（或570年），围攻麦加的埃塞俄比亚人就因为天花流行而溃败。穆罕默德要到570年才降生，所以伊斯兰教此时尚未建立。不管怎么说，当时的麦加已经是阿拉伯世界的圣城了，埃塞俄比亚的基督徒想要摧毁安拉的圣地克尔白。据《古兰经》记载，安拉痛击了埃塞俄比亚人。

7世纪和8世纪，伊斯兰教的扩张将天花传播到了地中海地区——或许更恰当的说法是，天花为伊斯兰教的扩张扫清了道路，就像它后来又为西班牙人征服中美洲扫清道路一样。711年，伊斯兰势力从北非横渡直布罗陀海峡，随后不过几年就征服了西班牙。直到14世纪中叶黑死病大流行，阿拉伯人还统治着西班牙。天花在当时传播得很快。737年，日本的一次天花流行导致人口大减。

动物传播什么病？

猿猴与人类的亲缘关系更近，但它们几乎没传给人类什么疾病。人类传染病更常见的来源是牲畜和老鼠。这算不上什么新奇的发现：被疾病感染的动物种群越密集，疾病就有越大的机会变得更厉害，更易进化出新变种，更易传播。除了种群密度，另一个重要因素是关系的密切程度。牛羊是牧养家畜，它们生活的田野与人类住所有区隔。相比之下，猪和鸡生活在农家院子里，离人的距离近得多。狗是最近的，经常与人同处一室。不请自来的老鼠则出没在所有人类栖所附近。所以，狗、猪、鸡、鼠要比牛和羊更容易传播传染病。

无论如何，我们的猿猴表亲也传给了我们少量传染病。阿米巴痢疾应该来自猕猴，这种猴子生活在亚洲的森林中。由 HIV（人类免疫缺陷病毒）引发的艾滋病，是非洲的猴子传给黑猩猩再传给人的。在今天发现的非洲绿猴中，有 30%~50% 的个体携带 SIV（猴免疫缺陷病毒），这种病毒是 HIV 的近亲。而生活在加勒比地区的绿猴则没有感染的迹象。加勒比绿猴是在 17 世纪和 18 世纪从非洲引入的，这表明现代的 SIV 或 HIV 是在那以后出现的。

并不是所有人类疾病都来自其他哺乳动物。鸟类几乎可以肯定要为流感负责，流感还在猪、人、鸡、鸭之间传播。今时今日，很多种鸟依然群居。在更早些时候，欧洲和北美的湿地中栖息着群体数量极为庞大的水禽。既然驯养的动物数量大增，它们自然就会从鸟类身上感染疾病，并最终把疾病传播开去。

谁得哪种疾病?

虽然我们习惯以人类为中心看待病毒，但很少有病毒只是通过人际传播。如果没有动物作为传染病的储存宿主，那么只要治疗、隔离全体病患，或者使人们免疫，就可以消灭疾病。人类就是这么对付天花的。世界卫生组织在 1966 年启动了清除天花的计划，并于 20 世纪 70 年代完成。到目前为止，天花是唯一一种被从自然环境中彻底清除的人类疾病，目前还有针对脊髓灰质炎和麦地那龙线虫病的计划。

彻底清除疾病是极罕见的，因为多数疾病——即便是主要感染人类的疾病——会感染其他动物。疟疾、黄热病，还有很多热带疾病也会感染猿猴。腺鼠疫和狂犬病会感染猫和狗。疟疾与狂犬病纯粹是人类疾病吗？还是说它们是动物疾病，而得上的人只是运气不好？想要区分它们难免武断，不过我们可以这样来区分疾病，即主要通过人际传播的疾病、偶尔感染人类的动物疾病，以及能够频繁感染数个物种的人畜共患疾病。

有些动物传染病完全是因为意外才会感染人类，而且就算会出现人际传播，病例也极为稀少。狂犬病是传染病不假，但几乎没人是因为被另一个人咬了而染病的。鼻疽（glanders）是马身上的一种疾病，偶尔会传给人，例如密切接触患病动物的马夫。炭疽（anthrax）主要是牛感染的疾病，但也可能在人类社会流行，而且致死率很高。在自然条件下，也就是人类文明出现之前，很可能没有人患上过这些疾病。只有在牛、马、狗被驯养之后，这些疾病离人足够近，它们才有机会冲破物种的界限。有些动物疾病适应了人类宿主，已经成为真正的人类疾病。另一些则依然以感染动物为主，只是偶然感染人。

疾病的进化速度各不相同。通常来说，涉及的基因越少，疾病进化得越快。因此病毒的进化比细菌快，细菌又比原生动物快。结果，许多病毒性疾病进化得非常快，以至于出现了人类独有的疾病。这些疾病往往与它们的祖先大相径庭，甚至到了不会再感染其他动物的地步。天花和麻疹就是这样：前者应该是从骆驼痘衍生来的，后者则和瘟热有关——瘟热是一种出现在狗和与狗亲缘关系较近的食肉动物身上的疾病。对比来看，细菌进化得比病毒慢，因此我们人类还和其他动物共患大部分细菌性疾病，只不过有专门的、适应人类的菌株。例如，“流行性”斑疹伤寒，就是“鼠型”斑疹伤寒的人类“特供”版本，而后者既可以感染啮齿动物，也可以感染人类。原生动物比细菌进化得还慢，所以人类最熟知的原生动物疾病——疟疾——也会感染其他猿猴。

“新型”疾病出场时很厉害？

我们经常抱有这样一种印象，但凡有新型疾病跨越物种首次感染人类，其毒力都很猛烈，就像拉沙热和埃博拉一样。这其实是新闻的产物。要是某个鸟不拉屎的地方有六个人感染上了一种新型但症状轻微的疾病，应该不会有记者去调查，更不要说上报纸头条了。微生物对人体的入侵是不间断的，但很少能穿透人体的防御系统。如果真有某种新型传染病病原体成功入侵，那么，它究竟会引发轻症还是重症，这在很大程度上还是概率问题。

拉沙热和埃博拉就很说明问题。近来的调查显示，早在被官方“发现”之前很多年，拉沙病毒和埃博拉病毒的轻症毒株就一直在感染人类。人被一种病毒感染后就产生了免疫力，不会再被感染，而且血液中会出现针对该种病毒的抗体。尼日利亚境内拉沙河流域居民的血样分析显示，携带拉沙病毒抗体的人很常见。许多人并不记得自己得过类似拉沙热的疾病，有的人记得有过中度发热或高热，但往往将其当作疟疾。因此早先尼日利亚暴发的拉沙热如果按严重程度分类，最低是难以察觉，最高是中度，而后者又经常被诊断为“异常的”疟疾病例。直到 1969 年该病的一种极为致命的类型上了报纸头条，它才被当作一种新疾病。埃博拉病毒的发现过程没有什么两样，官方报道的出现时间是 1976 年，地点在扎伊尔（现刚果民主共和国）境内。

从长期来看，新型病毒可能会适应人类，也可能会灭绝。适应不代表疾病会变轻，只是说病毒具备了在人体内存活并繁殖的能力。毒力大小取决于传播模式，以及人类宿主的人数多寡、拥挤程度和卫生状况。

麻疹一家子

在旧大陆，麻疹是一种相对轻微的儿童疾病，极少导致严重的并发症。这种病通过人际传播，一旦某人得上麻疹，他就产生了免疫力，病毒也会从他体内消失。所以对于麻疹病毒来说，想要传播就一定要不断感染新患者。在一个基本人人都会得麻疹并存活下来，而且人人在孩童时期就打疫苗的社会，麻疹唯一的新宿主就是新生儿。

有计算显示，一个社会拥有 30 万到 50 万频繁往来的人口，才能保证有足够的出生率让麻疹存在下去。而公元前 1000 年到公元前 500 年之间的城市，没有哪一个人口超过 25 万。第一批足够大的城市是巴比伦帝国的首都巴比伦、亚述帝国的首都尼尼微，以及稍后出现的欧洲首个真正的城市——雅典。在这之前，麻疹很难作为人类疾病延续下去。

在这段时期之前，麻疹这类疾病只能从镇到村，在一个有陆路或水路连通的文明地区之内传播。足够密集的人群最开始出现在大约公元前 3000 年的中东，在底格里斯河和幼发拉底河流域（美索不达米亚），后来是在尼罗河（埃及）、印度河（北印度与巴基斯坦）、黄河（中国北部）等河流的流域。这些地区都有足够的人口让疾病流行起来，当然前提是独立的群落能够有效地互相接触。在千百年的时间里，这个前提的实际情况有很大差异，所以传染病的传播情况也大不相同。很多疾病很可能是在这段时期从动物传到人身上的，它们一路上毁掉了那些与它们密切接触的不幸村镇，但没能传播得更远。有些动物疾病或许要数次跨越物种界限，才能在人群中站稳脚跟。

麻疹来自何方？很可能是人类最好的朋友——狗。麻疹是瘟热病毒家族中的一员，这类病毒属于麻疹病毒属。瘟热病毒多在食肉动物体内发现，这类病毒的成员除了犬瘟热病毒之外，还包括海豹瘟热病毒和海豚瘟热病毒。犬瘟热病毒也可以感染其他食肉动物，它在海狮和鬣狗体内也有发现。人类感染的麻疹应该是几千年前由狗传染的，之后又慢慢进化成一种较轻微的形态。

通过比较 DNA 序列可知，牛瘟是麻疹今天最近的亲戚。不过牛瘟是一种十分厉害的疾病，在今天仍能导致家牛及其野生亲属（水牛、羚羊、长颈鹿、牛羚）大量死亡。直接人传人的，或是在亲缘关系较近的个体间传播的病毒，其毒力会随时间而变得越来越弱（详见第 3 章）。考虑到这一点，最有可能的情形是，狗把瘟热病毒传给了人，病毒在人体内进化成了麻疹。更晚些时候，人又把病毒传给了牛，在牛体内进化出了牛瘟，而牛瘟的毒力尚没有足够的时间大幅减弱。如果事实果真如此，那么 20 世纪 90 年代的几次牛瘟大暴发就可以得到解释了：当时家牛的死亡率较低，但水牛、扭角林羚等其他狩猎动物[1]的死亡率仍达到了 50% 或更高的水平。这说明牛瘟已经部分适应了驯化的家牛，而且已经从家牛传给了野生动物，并在野生动物身上表现出了依然很强的毒力。

1. 狩猎动物（game animal），指种群数量庞大，被容许按法规猎杀的动物。——译者注

古代历史上的麻疹

我们能找到麻疹更精确的起源吗？不太可能，不过猜一下也无妨。荷马在《伊利亚特》中描述说，站在特洛伊人一边的天神阿波罗，给围攻特洛伊的希腊军队降下了瘟疫。虽然阿波罗用箭用得好，但他不是战争之神。他的箭头带着疫毒。他也是药神——神所降下的，神也能收回。

> 接下来他在船边坐定，射出一支飞矢：银弓发出一声巨响。他先击中的是骡子和猎犬，然后又瞄准人群，射出锋利的羽箭，箭无一落空；于是柴堆上焚烧死者的大火熊熊燃烧，一刻不停。

《伊利亚特》成书于公元前800年至公元前700年之间，也就是真正的特洛伊围城战的几百年后。又过了差不多400年，亚里士多德在评论中表示不解：为什么阿波罗要先攻击骡子？今天，在知道犬瘟热与麻疹和牛瘟两者都有很近的亲缘关系之后，我们可能会说，荷马说出了事实：早期的瘟热是犬、骡子、人共患的一种疾病。如果真是这样，那么希腊人可能是从人口密集的特洛伊城染上这种疾病的。

随着人口密度在接下来的几个世纪里不断增加，这个可以让人畜共同患病的麻疹病毒属中的某一种毒株可能变得只适应人类了。麻疹就这样出现了！我们甚至可以想象，雅典大瘟疫（公元前 430 年）的起因就是这种强毒力的麻疹祖先。当时，雅典是欧洲唯一一个人口密集到可以让麻疹等疾病存在的地区。（现在估计当时的雅典城有 25 万人，周边的阿提卡地区还有 20 万人。）

导致其他几种轻症疾病，如流行性腮腺炎以及人类副流感病毒相关疾病的病毒也属于麻疹病毒属。读者可能已经猜到，副流感病毒导致的病症与真正的流感类似，但没有那么严重。与它们亲缘关系较近的病毒也出现在鸟、猪和猴子身上。所以说，一系列相关的病毒可以让人再次感染，而它们可以来自各种动物。那些最初的致命病毒到现在毒力已经减弱，引发的症状已经非常不明显，以至于只剩流行性腮腺炎这一种病还能让人们从它的名字里看出患病的后果。

啮齿动物传播的疾病

老鼠与牛、羊的关系，就好比野草同麦子、玉米的关系。前者既不算真正的野生生物，也不算真正的驯养生物。虽然人类从未想要驯化老鼠，但它们对人类的居所和食物的依赖程度和我们有意驯养的动物一样高。老鼠生活在阁楼、地窖、下水道、排水沟，还有随便什么地下管道里。家鼠住在墙隙中，田鼠的家在谷仓、草堆和玉米田里。啮齿动物拣剩饭菜吃，还会偷走谷物、奶酪和其他人类储藏的食品。虽然城里很少看见老鼠，但它们的数量通常会超过同一座城里的人类。

老鼠是最早潜入人类居所生活的动物之一。中东出土的、大约 1.2 万年前的纳图芬（Natufian）文化处在采集狩猎时代与农耕时代之间。人们在耶利哥城发掘纳图芬考古层时，发现了家鼠的遗骸。老鼠可能是被人类储藏的谷物吸引，然后开始与人同居。今天，老鼠是动画片里的明星，美国历史上最有名的动画角色是只老鼠，能与其媲美的是一只鸭子和一只兔子。在历史上，啮齿动物更擅长在传播疫病这件事上扮演明星。

有些疾病直接由啮齿动物传播，但更常见的是由昆虫作为中介。最有名的例子是黑死病（腺鼠疫），它是通过老鼠身上的跳蚤传播的。腺鼠疫不是只感染人类，很多动物都可能感染。

斑疹伤寒由虱子或跳蚤携带。流行性斑疹伤寒已经适应了人际传播，方式是通过人体虱。它和鼠型斑疹伤寒的关系很近，后者可以在啮齿动物间传播，或者通过跳蚤从啮齿动物传到人身上。鼠型斑疹伤寒是流行性斑疹伤寒的祖先，流行性斑疹伤寒毒力更强，更针对人。这种针对人类的斑疹伤寒是军事行动中士兵大规模伤亡的原因之一，也会在监狱和其他场所暴发。拿破仑出征俄国惨败，而法军的多数伤亡都是斑疹伤寒造成的。但凡能让虱子在毛毯、衣物、头发中自由穿行的地方，斑疹伤寒的暴发就是迟早的事。

多数由老鼠传播的疾病，其实是由啮齿动物身上的跳蚤、虱子或者蜱虫携带的。不过，有几桩由老鼠直接传播的病例值得注意。有些新出现的病毒性疾病，例如汉坦病毒感染与拉沙热，是人接触啮齿动物的粪便或尿液后感染的。这两种疾病主要与野生啮齿动物相关，而与家鼠和城市里的老鼠无关。除非这两种病毒在生活在人类家中的啮齿动物身上扎根，否则它们不可能引发严重的健康问题。就目前来说，就像埃博拉一样，这两者都是听起来可怕但很难形成真正威胁的疾病，潜伏在文明世界的边缘。

麻风出现的时间较晚

结核与麻风都是感染分枝杆菌的结果。人们多以为它们都是自古以来就有的灾病。结核可能是这样的，但麻风出现的时间要晚得多，而且可能来自老鼠。这两种疾病都通过直接的人际接触传播，所以它们都面临需要适应的进化压力，因而变得温和了。古代人认为麻风传染性高、毒力强，所以麻风病患者要被隔离。与此种看法明显相反的是，如今人们很难患上麻风病，即便是长时间暴露于病原体也很难得上。一名麻风病患者的所有家庭成员中，只有约 10% 的人会患上这种疾病，尽管他们有密切接触，而且从基因上说有亲缘关系。

在驳斥古代的说法前，我们先从进化的角度考虑一下这些观点。麻风在过去确实传染性更强。但随着时间的流逝，很多易感者死掉了，所以幸存下来的人就有了更强的抵抗力。此外，为了保证自身的传播，麻风细菌的毒力越来越弱。虽说麻风不治疗最终会让患者丧命，但这个过程要很长时间，这样就给了细菌更长时间来寻找新宿主。

今天我们知道的麻风是由麻风分枝杆菌（*Mycobacterium leprae*）引发的。它有时被称作汉森病，这不光是为了减少了社会对患者的污名化，也是因为人们长期把多种导致皮肤病变和外貌损伤的疾病与麻风混为一谈，直到很晚才把它们区分开来。真正的麻风会导致四肢出现特有的骨病变，哪怕是单凭考古学家发掘出来的病患骨骸，也可以直接确诊。迄今为止，人们发现的最早的人患麻风的证据出现在公元前 2 世纪，是西奈沙漠一处绿洲中出土的人类骸骨。所以，《圣经·旧约》中提到的麻风和我们提到的这种现代疾病并不是同一种东西。

那么现代麻风病又来自何处呢？罪魁祸首应该是老鼠。与麻风分枝杆菌关系相近的鼠麻风分枝杆菌（*Mycobacterium lepraemurium*）可以让老鼠患上一种严重的疾病。猫也会得一种麻风，但猫得的这种很少会侵入内脏，而且皮肤病变也会在几个月后自然消退。虽然老鼠得的病要严重得多，但猫麻风和鼠麻风都是由同一种细菌引发的。我们可以猜想，在公元前 2 世纪前后，鼠麻风分枝杆菌跳到了人身上，然后逐渐退化成了既无法在病患体外存活，也不能再感染老鼠的麻风分枝杆菌。

种因得果

许多人类疾病，无论是传染病还是非传染病，都是人类自己造成的伤害。如今西方普遍出现的肥胖是饮食过量、缺少锻炼的结果。肺癌是因为吸烟。另外，我们现在的多数传染病多少和人类文明的兴起有关，和驯养牲畜以及虫鼠害有关——虽然后者并不是人类想要的。下一章将涉及疾病的传播和毒力的改变，两者在很大程度上都可以怪罪到人类的活动上。

3

病如何传播？

How did our diseases spread?

毒力与疾病传播

传播方式左右着疾病对人类社会的影响。传播效率高的疾病会感染更多人，这点很明显。不那么明显但同样重要的是，传播机制决定着疾病的毒力会有多强。

有两个广为流传的错误观点需要纠正。这两个观点都只说对了一半，科学调查直到近年才发现它们的问题所在。第一个错误观点是，因为疾病会适应宿主，所以只要等足够长的时间，疾病终究会变得轻微。梅毒刚出现在欧洲的时候毒力非常强，但今天则弱得多。与之类似的是，麻疹和流行性腮腺炎这样的儿童疾病很少会导致严重的后果，但它们以前可厉害得多。可是，这并不是什么必然的规律。近来人们发现，在一定条件下，疾病的毒力几乎不发生变化，也许还会变得更强。另外，有些疾病的毒力时强时弱，比如腺鼠疫。

第二个错误观点是，过去到处都是传染病。人们倾向于认为年代越久，卫生条件越差，传染病越厉害。宽泛地说，这一点是正确的，但前提是把考察范围严格限定在过去 1 000 年的西方文明中。如果我们把眼界放宽到整个人类历史，就会发现传染病的流行是存在巨大波动的。例如，西方文明直到 19 世纪才把公共卫生条件恢复到罗马帝国鼎盛时期的水平。而且就像前文提到的，在非常早的年代，也就是城市化开始之前地广人稀的时候，传染病发生的频率要低得多。

传染病与非传染性疾病

要理解疾病如何影响人类历史，我们就要先了解传染病是如何传播的。人们以前把传染病和各种小病混为一谈，直到最近才分清楚。过去的社会通常搞不清楚传染病的起因，也就不知道该采取什么预防措施。

疾病可以按获得方式分类。创口、瘀伤和断肢是意外或蓄意暴力的结果。人被捅了一剑或掉下悬崖是什么后果，古代社会很清楚。和暴力一样，中毒也分蓄意和意外两种。早期的文化当然知道下毒是什么意思，只不过受害者常常被误诊。例如，砒霜中毒的症状包括呕吐和腹泻，表面上看和某些肠道传染病的症状非常类似。意外中毒，尤其是大规模的中毒事件，有时候会被当成传染病，有时候则被看成巫术。

遗传性疾病是父母基因缺陷传递的结果。生来跛足的人经常被认为是遭到了神的惩罚（惩罚的对象通常是他们的父母）。有特殊行为表现的，例如癫痫患者，通常被认为是神灵附体（可以是恶灵，也可以是善灵，具体取决于社会的看法）。不管怎么说，虽然人类很晚才了解遗传学，但很少有人将基因缺陷和其他疾病的成因相提并论，也不太会把它们搞混。

癌症多发于老年。这是因为非生殖细胞会发生 DNA 损伤，而这些损伤又可以日积月累。这种基因缺陷不会传递给后代，只存在于患者不断增加的癌细胞里。癌细胞生长失控，就会毁掉患者的身体。许多癌症的诱因是天然的或人造的有毒化学物质，以及来自太阳的紫外线辐射。还有一些癌症则是人体的基因机器偶尔出错的结果。只有当人的寿命足够长，长到足以让基因损伤积累起来，癌症才会变成一个问题。在过去很长一段时间里，癌症只是一个无关紧要的死亡原因，这种状况直到最近才有变化。心脏病、中风、年岁过高等因素导致的死亡，总体来说是现代人才有的“奢侈品”。在历史上，人类极少能活到血管被脂肪沉积堵塞的岁数，饮食水平也很难达到让脂肪沉积的水平。

在迄今为止的人类历史上，微生物导致的传染病是人类最大的死亡原因。这样看的话，我们能达到现在的寿命可以说是个奇迹。现代技术让我们大多数人活得足够久，以至于要害怕心脏病和癌症。在历史上的多数社会中，多数人都是死于某种微生物引发的感染。这种情况目前依然会出现在一些第三世界国家。虽然传染病对人类有如此大的影响，但科学家真正理解它的本质是19世纪末才发生的事情。

看不见的微生物引发的传染病

人类就传染病的病因争论了数个世纪——某些疾病是否真正具有传染性以及会不会人传人，这样的问题也在讨论之列。直到19世纪末，科学才开始探究致病的微生物。在更早的年代，传染病通常被视为天神降下的惩罚。后来，人们又把病因怪罪到瘴气等各种气雾上。这种观点，其实就和人们总说的“注意别冻感冒！”如出一辙。而现在我们知道，“感冒”是病毒引发的，而不是接触低气温。话说回来，营养不良、居所破陋、忽冷忽热，都会让人体变弱。虽说尘土并不像过去人们想的那样会滋生病菌，但不卫生确实会让病菌更容易存活并传播。

关于传染病的历史，有趣的一点是，从长期来看平民大众往往是正确的，而文化人大多数时候是错的。传教者宣扬的看法是疾病降自诸神，大众被告知要停止作恶，要祈祷宽恕，不要把时间浪费在探究疾病上。而理性的知识分子则基于饮食、个性、气候、尘土、腐物、臭气等因素提出了一系列理论。直到最近一两个世纪，大多数知识分子还不承认疾病有传染性。

而大众的整体行为则显示，普通人明白疾病通常会传染这个道理。避免接触伤寒、鼠疫、天花和疟疾患者的做法自有明智之处。17世纪，伦敦富人会关注每周一公布的《死亡公告》（*Bills of Mortality*），就和现在的我们准时收看天气预报一样。这份“公告”列出了近期的死亡名单和死因。当鼠疫或天花这类特别糟糕的事情出现的频率高于以往时，富人们就会逃离伦敦，躲到乡间的别墅，而穷人则留在城中听天由命。

疾病确实会从一个患者身上传播到另一个人身上，科学机构用了相当长的时间才明白这一点。为什么会这样？我认为这里面有两个因素。第一，许多疾病并不是直接传染。虽然疟疾是人际传播，但需要有蚊子携带，而且人不可能因为只是和患者直接接触就染病。腺鼠疫更令人摸不着头脑，它可以人传人，但通常是由跳蚤传播。从实践角度讲，不接触被感染者仍然是个不错的策略——这样你被同一只跳蚤或蚊子咬到的概率就小了。从知识分子的角度看，直接人际传播的例证的缺失，佐证了各种将传染归因于环境的理论。第二，能观测到微生物的技术出现得相对较晚。存在微小到不可见的病菌，这种猜测可以回溯到罗马作家瓦罗（Varro，公元前116—前26），但想证明它们的存在不能只靠文字，而是需要显微镜。

传染病如何传播

不同的传染病有不同的传播方式，我们可以把这些方式划分为三大主要机制。一些疾病通过直接的人际接触传播，一些则通过无生命的物体间接传播，还有一些由昆虫或其他中介携带感染原。一种传染病在数个世纪后是变得轻微，还是基本不变，还是更具毒力，传播途径有很大的影响。

有些疾病需要长时间的紧密接触，才会从一个人传到另一个人身上。人罹患这类疾病的难度相对较大，而且通常可以通过改变个人行为来避免传染。梅毒、艾滋病、淋病等性传播疾病就是这样。严格来讲，这里涉及体液的传输。从实践角度看，这一点很重要，因为这类传染病也会通过消毒不当的皮下注射针头传播。这种情况既会发生在发达国家使用静脉注射药物的瘾君子身上，也会发生在第三世界国家的缺乏一次性注射器的诊所中。

有些疾病通过直接的人际接触传播，但这样的接触并不需要像性病的传播途径那样亲密。许多性病的祖先是用更普遍的方式感染皮肤和人体的。会感染外生殖器的衣原体和导致沙眼的衣原体有很近的亲缘关系。专门引发性病的版本可能出现于人口变密集的历史时期（见第 7 章）。

有些病菌通过身体接触或者通过门把手、纸币、衣物和床上制品等非生物传播。感冒、流感、麻疹、天花等传染性强的病毒是这一类的代表，只不过它们中的多数也可以通过空气传播。很多传染病是通过打喷嚏或咳嗽的方式，通过空气实现人际传播的。

这也被称作飞沫传播，即通过携带病菌的唾液、痰、鼻涕的极小微粒传播。如果飞沫完全干掉，这类病菌是不能存活的。结核、流感和感冒就是这样，就像儿歌里提到的：

打喷嚏，打喷嚏，
喷完地上无踪迹。
周围众位脸变色，
怪我打个大喷嚏。

饮食也有可能摄入感染原。糟糕的卫生条件有可能导致人或动物的粪便污染食物或饮用水。通常来说，这类传染病可以由各种原生动物、细菌及病毒引发，会影响胃肠道，症状之一是腹泻。腹泻的目的，从病菌的角度来说，是要提供一套走出人体、重新污染水的机制。隐孢子虫病（由原生动物隐孢子虫引起）、霍乱（由一种细菌引发）、脊髓灰质炎（由一种病毒引发）等都是水源性疾病的例子。因食物而感染传染病通常被称为“食物中毒”，但实际上细菌或病毒才是致病原因，而非有毒化学物质。

蚊子、苍蝇一类的昆虫，还有老鼠这样的动物经常携带疾病，它们被称为病媒。有时候多个病媒会一同参与一种疾病的传播，例如黑死病，病媒是老鼠身上的跳蚤；再例如斑疹伤寒，病媒是啮齿类动物携带的蜱虫。通常来说，用管控病媒的方式来限制疾病的传播，要比治疗患病的人有效得多。昆虫和它们的近亲蜱虫、螨虫是最常见的病媒，不过其他动物也可能担当这一角色，就像会传播狂犬病的蝙蝠和松鼠，还有会传播西尼罗河病毒的候鸟。鼠疫与斑疹伤寒在正常情况下靠跳蚤和蜱虫传播，但在某些环境中，它们也能做到人传人。有的疾病必须在第二宿主身上度过部分生命周期，所以疟疾必须由人传给蚊子，再传给人，才能完成其发育周期。

许多疾病会随时间转轻

我们这里暂且从病毒的角度出发，来思考一种致命病毒的传播。例如埃博拉，它的患者染病后基本会在几天内死去。赶在首个患者死亡前，这种病毒必须找到下一个可供感染的人。很明显，第一例患者能活动的时间越长，这种病毒找到其他人的机会就越大。如果这种病毒太早就让第一例患者倒下，那么就会不利于自身的传播。我们还可以假设这种病毒从一个村子向另一个村子传播的情形。要是它待在一个村子里不动，而该村又有大量潜在病患住得很近，那么它就能飞快地杀戮。但当这个村子被灭口之后呢？这种病毒现在必须找到另一个人口中心，因此就需要有一个染病了但还没病到走不动路的患者。从长期来看，对疾病来说，在人口中心之间的迁移，或许比在本地某一人群中的传播更为紧要。

我们现在假设存在两种稍有不同的埃博拉病毒。一种会在一两天内夺走患者的生命，另一种则要花上整整一周。前一种病毒或许会灭掉整座村子，但它很难找到去下个村子的方式。哪怕有个奄奄一息的患者蹒跚地走到了下个村子，那里的人们大概也不会让他进去。在中世纪欧洲鼠疫流行期间，许多村子和小镇都有负责拦截旅人的弓箭手。他们会警告出现鼠疫症状的人走开，如果这些人不听的话他们就放箭。这类隔离方式虽然不讲情面，但是很有效。在当时流行的鼠疫中，有许多小村庄完全没受影响，而附近的城镇死伤惨重。

对比来看，毒力较弱的埃博拉病毒传播起来就有效得多。从全村感染中逃难出来的患者，或许可以在症状显现前抵达另一个人口中心。这样来看，如果两种病毒同时出现，那么导致轻微症状的那种传播起来更有效，假以时日，它就能够在竞争中胜出。现实中许多疾病似乎就是这样的，而且已经进化成了更温和的形态，例如淋病和梅毒（由细菌致病），还有麻疹、流行性腮腺炎、流感（由病毒致病）。这些疾病的共同点是，它们都可以直接通过人际传播。

埃博拉诞生自某种动物宿主——或许是蝙蝠——之后便时不时地感染人类。它会杀光少数密切接触的人，之后等着它的就是竭泽而渔的后果了。拉沙热和其他时不时就从丛林冒出来的致命疾病也多有类似。它们虽然让媒体陷入恐慌，但只要它们不变温和，就不太可能传播开来。

人口过密与毒力

早先人们认为，只要时间够长，所有疾病都会适应下来，不会比麻疹或流行性腮腺炎更严重。毒力强大的病毒都是新出现的，尚未和它们的人类宿主达成生物学上的“缓和”状态。这种观点视人与传染病处在一场永恒的冷战中，只有偶尔的误解才会导致伤亡。这种想法很有噱头，现在也依然出现在生物学的科普书籍与文章中，可惜它只是一厢情愿。

这个场景忽略了进化与人类历史上丑陋的一面。历史中的人没有多少能一边听着母亲给他们讲穿着衣服的小兔子和小老鼠的故事，一边挺过儿童疾病。历史上多数人还没活到成年，就死于传染病，其中很多是由小型啮齿类动物传播的。进化的“目的”不是为了让人生活得更好，也不是要打造什么平衡的生态系统。事实上，所谓进化带有某种深远的道德目的，这种说法本身就带有宗教色彩。进化无非是一种机制，各种生物遵照这种机制，使用各种基因策略展开竞争。繁殖效率更高的物种数量就会增加，效率低的就灭绝，大自然并没有什么母性本能。

为什么某种疾病不应该保持毒力，或者为什么某种疾病不应该毒力更强，其实这里面根本没有什么该不该的权威答案。有些疾病就是会这样。事实上，在条件变化的时候，哪怕是同种疾病，它的毒力也会出现波动。关键的问题在于，哪些因素会促使毒力减弱，哪些会诱发毒力增强。两大主要因素是人口过密与传播模式。我们再来想想之前那个同种病毒的两个变体毒力一个强一个弱的例子。如果人挤在一起，毒力强的那个就有优势，因为病菌不需要病人晃悠好几天再传播。只要附近有源源不断的潜在患者，对这种病菌来说最佳的策略就是在第一批患者体内成长得越快越好，好生成更多的病菌去感染更多的人。传播慢、毒力弱的那个会被淘汰。当宿主众多且挤在一起的时候，病菌的毒力就趋于增强；若是宿主稀少且彼此远离，情况则相反。

一场强毒力的流行病可能会大幅削减人口数量。这就降低了人口的密集程度，从而为毒力的减弱做出了选择。你可能会想，最终会达到某种平衡，宿主的种群密度和感染原的毒力两者会绅士般地达成妥协。这其实又是微生物学上的“自然平衡”幻想。从历史上看，人口增长时期通常会与惨烈的流行病交替出现，并没有什么稳定均衡状态。中国的记录就显示了这一点。37 1710年，中国暴发了234场足以称之为瘟疫的疾病，相当于每7年一场。虽然并不是每场流行病都会席卷整个中国，但发生频率是相当惊人的。

腺鼠疫是疾病毒力会摇摆波动的典型。从14世纪中叶一直到17世纪，欧洲全境反复暴发腺鼠疫（17世纪后是局部暴发）。当某个城镇先出现鼠疫病例时，最初的几例通常是轻症，而且患者会康复。但若在城镇内的人群密集处暴发，那么鼠疫就会变得更致命，通常会演变为肺鼠疫，会在人咳嗽后经由空气传播。肺鼠疫患者可以在一天内死亡。从病菌的角度来看，这并不是什么问题，只要人在这段时间里把病菌咳出来，然后感染另一个人就可以了。在拥挤的中世纪城市，情况多是如此。到暴发接近尾声的时候，多数人要么死了，要么康复后具有了免疫力。如此一来，随着潜在患者人数越来越少，间隔越来越远，鼠疫又变得温和了。然后这种轻症形态又会传播到下一个城市，周而复始。几代人之后，当人口恢复到之前的水平，又可以提供新一批潜在患者的时候，鼠疫就可能卷土重来。

这里要注意时间尺度。微生物进化的速度很快，快到可以在一场持续不到一年的流行中改变策略——或者更准确地说，改变基因。就像在单座城市里暴发的黑死病那样，其强毒力变异可能只出现并传播数周，到暴发快结束的时候，其毒力会再变回来。所以说，像鼠疫这样的疾病，其毒力总体来说既不是减弱，也不是增强，而是波动。这就给历史学家提了一个难题，要是说某种疾疾一年内就可以大变样，那么百年之前它是什么样呢？千年之前呢？万年之前呢？

当今是人口爆炸的时期。在许多第三世界国家，糟糕的卫生条件让事情恶化。所以我们有理由设想，那些高效人传人的病毒会变得更加致命。此外，人口多了，需要的食物也多了。那么为了提高效率，大面积播种同种作物就会成为趋势。然而这样的密植会让作物更容易受流行病侵害，就和人类一样。爱尔兰发生过的土豆大饥荒就是过度依赖单一作物的后果。当枯萎病真菌的一种毒株干掉了所有的土豆后，爱尔兰人就面临着粮食短缺。先是人们营养不良，接踵而至的就是传染病。真正饿死的人相对较少，多数人死于霍乱、痢疾或斑疹伤寒。传染病的影响就这样被农作物歉收与营养不良放大了。

病媒与毒力

疾病由病媒携带时，毒力可能会变强。如果病菌是通过蚊子在患者间传播的，那么哪怕第一个患者病得下不了床也不要紧。这反倒可能对病菌有利，蚊子可以安心地飞到患者身上吸血，而不怕被拍死。借其他中介实现人际传播的疾病没有动力朝着让人的症状变轻的方向进化。它们只会避免让携带者无法行动，人类患者的健康对它们而言没那么重要。疟疾、昏睡病、斑疹伤寒、黄热病，以及许多别的疾病，是靠昆虫、蜱虫或虱子传播的。这些疾病很危险，也没有要变轻的迹象。事实上，今时今日，恶性疟疾这种毒力更强的疟疾正在热带和亚热带传播，而它的祖先是只针对非洲的。

控制上述疾病的最佳方式是杀死病媒，从而阻断传播。很多地区的疟疾发生率就因为喷洒了滴滴涕（DDT）一类的杀虫剂而大幅降低。不幸的是，在很多第三世界国家，由于蚊子对杀虫剂产生了耐药性，再加上掉以轻心和政治动荡，疟疾如今又有卷土重来之势。堤坝、蓄水池、灌溉渠等水利设施是温带气候下的得力工具，但在热带区域却可能产生反作用。它们形成了大面积的死水，为携带疟疾、黄热病等疾病的蚊子提供了理想的繁育场所。水道中水流缓慢，也成了钉螺适宜的栖息地，而钉螺携带的寄生虫会导致血吸虫病。一个例子就是西非塞内加尔河流域开发时期扩散的血吸虫病。

水源性疾病的病媒就是水。这类疾病的毒力也会增强。它们不是依靠昆虫实现人传人的，而是依靠污染的水体，不过两者的原理差不多：不依靠人类患者传播。污染水体通常会传播痢疾、霍乱等导致腹泻的传染病。下水道污水如果不处理，病菌也可能进入河流，感染几百英里[1]之外的村镇。

疾病的储存宿主与携带者

疾病的储存宿主是指人类之外的传染来源，通常是无症状或轻症的染病动物。例如蝙蝠就是狂犬病的储存宿主，或许还是埃博拉的储存宿主。

疾病携带者是指被传染但未发病的人类。携带者没有症状，但他们可能会将疾病传染给他人。即便所有易感人群都已死亡，或者由于病得太重而无法行动，只要还有少数携带者存在，感染原就可以继续流动。携带者可能会在城镇间走动从而传播疾病，也可能原地不动让疾病蛰伏下来，直到未来某天再出现。很明显，能够通过无症状携带者或动物储存宿主传播的疾病，不会急于减弱毒力。

许多与腹泻有关的疾病只会在少数人类宿主身上产生症状。不同疾病的无症状携带者的比例可以有很大差距。隐孢子虫或阿

1. 1英里≈1.6093千米。——编者注

米巴原虫的无症状携带者可能超过一半，而伤寒的就非常低（大约 2%~3%）。在多数病例中，病菌只存活在肠内，但不致病。对于无症状携带者比例较高的肠道疾病来说，它们本身就相对温和，至少在多数成人身上是这样。死于这些疾病的多是穷困国家的婴儿。营养不良加上医疗条件差，导致小儿腹泻成为当地婴儿死亡的主要原因之一。

少数特殊病例显示，有的病菌已经专门适应在肠道之外的某些人体组织内存活。这种情况下，病菌会保持强得多的毒力。在伤寒携带者体内，细菌存活于胆囊中，时不时会进入肠子，然后再从肠子出发进入人类社会。伤寒的病原体，伤寒杆菌，是毒力最强的病原体之一，通过被人类粪便污染的食物或水传播。伤寒是一种专门针对人类的疾病，其他许多沙门氏菌却可以感染多种动物。这些危险性小一些的病菌没有特殊的藏身之地，因此必须克制住杀掉多种宿主的冲动，从而保证传播。

有些病毒也会停留在特定的组织中，韬光养晦。最有名的当属水痘和疱疹。水痘其实是疱疹病毒家族的一员，与真正的痘病毒（天花病毒、牛痘病毒等）没有亲缘关系。有些疱疹病毒的变体会引发唇疱疹和生殖器疱疹，虽然病症可以靠治疗抑制或自愈，但疱疹从不会彻底消失。少数病毒会进入沉寂状态，潜藏起来，在一定条件下病症会再度出现，例如患者经历了一段时间的压力后。水痘还可以躲在神经细胞中，之后则以带状疱疹（一种疼痛感强烈的皮疹）的形态再度现身。再次出现后，这种病毒有可能会传染给他人。

基因抵抗力的产生过程

所有杀不死我的，都将会使我更强大。

——尼采

一般来说，更健康、跑得更快的斑马可以躲开狮子的猎食，从而将自己的物种延续下来。和大型掠食动物一样，疾病也愿意侵扰老幼弱残和意志薄弱者，还有那些没有朋友、家庭或盟友提供帮助的人。容易染病不仅仅是生理问题。动物的警觉性下降，就可能会因为不恰当的行为而增加患病概率。按照达尔文主义者的观点，掠食和疾病都可以改进物种。改进的方式经常是极具普遍性的，即选择那些健康且强壮的个体。除此之外，也会出现更具特殊性的影响。

当严重的流行病在人群中肆虐时，有人能活下来，也有人会死去。那么在疫苗、抗生素以及现代医学技术出现前的日子里，是什么决定了谁是幸运儿，谁是不幸死去的人呢？除了纯粹的运气，影响患病及存活概率的既有社会因素，也有生物学因素。我们先来考虑严格的生物学因素。

首先，免疫力与抵抗力两者不可混为一谈。它们都能保护人类不受传染病侵袭，但作用方式截然不同。免疫力是一个人一辈子的事情，人被疾病感染过，就会产生免疫力。免疫系统有记忆，当再度接触同种疾病或十分相近的疾病时，它就会快速消灭入侵者。这一切的前提是，这个人能在初次接触疾病后存活下来。疫苗的原理是故意让人接触温和或不完整的疾病变种，这样免疫系统就做好了准备，可以应对这种疾病在现实中的危险版本。免疫力可以是全面的，也可以是部分的；可能持续一生，也可能只持续几年。免疫力无法继承，不能传给儿孙。

抵抗力是会遗传的。一个人是否具有抵抗力，在出生时就决定了。抵抗力会在人体初次接触疾病时起效。一场致命的流行病过后，具有抵抗力的人能存活下来，出于各种各样其他的原因，有些易感的人也能活下来。如果死亡率很高，那么幸存的人群中带抗性基因的人数比例就会提高。幸存者把这些抗性基因传给子孙，下一代人中具有抵抗力的人数比例就更高了。如果同种疾病卷土重来，它会在新一代人中杀死大量易感个体，这样具有抵抗力的人的比例就又提高了。这样的事情发生几次之后，大多数人都会具有抵抗力。

天花与腺鼠疫就展示了人群中产生抵抗力的过程。日本最早有记录的天花流行的死亡率在 70%~90%。到 12 世纪中期，天花依然危险，但死亡率已经降到了 10%~20%。腺鼠疫的历史也类似。14 世纪中叶欧洲的首轮暴发是高度致命的，在接下来的一个世纪里，几场流行病导致欧洲的人口减少了三分之二。同样的疾病于 17 世纪 60 年代重现人间。虽然它被称为“伦敦大瘟疫”，但传染率与患者死亡率都低得多。伦敦人口仅减少了不到 10%。

有的疾病会灭绝

假如某种传染病会周期性出现，那么它每次能找到的易感患者会越来越少。最终，等到易感者少到让这种病找不到足够的人继续传播，它就灭绝了。有几种疾病就是这样。虽然许多古代文献含混不清或缺少医学细节，一些关于瘟疫暴发的记录显示，这些疾病的症状和今天的大不相同。许多罗马和中国早期记载的疾病，到今天已经不存在了，或者它们已经进化得让人辨别不出来了。修昔底德记录的惨烈的雅典大瘟疫就是典型的例子。

英国神秘的汗热病曾在历史上引发过不小的骚动，但它最终灭绝了。1485 年，伦敦发现汗热病患者。这种病应该是那些帮助亨利七世从理查三世手中夺权的法国雇佣兵带去的。它的症状包括突然发烧、头疼，以及“大量出汗发臭，连带面部与全身泛红”。多数患者康复了，但少数患者在一两天内死亡。致死率分布得极不均匀：有的社区死亡率高达 30%~50%，而其他城镇几乎没有患者死亡。

英格兰人与日耳曼人属于易感人群，苏格兰人、威尔士人和爱尔兰人（三者均属于凯尔特人血统）则几乎不受影响。法国人也不受感染，如果说把这种病带到英国的真是他们，那么法国人一定感染过该病的轻症版本。该病在 1528—1529 年的流行最为严重，传播到了德意志、荷兰、斯堪的纳维亚、瑞士、立陶宛、俄国与波兰，但避开了法国和南欧其他地区。这意味着易感程度与基因因素的关联很大。奇怪的是，英国上层人士比普通人受冲击更大。在第一次流行中，两位伦敦市市长（Lord Mayor of London）先后患病死亡。1517年，枢机主教沃尔西病重但幸免一死。在大约半个世纪的时间里，汗热病总共暴发了5次，之后便消失不见了。一种相似但更温和的疾病，“皮卡第汗热”，于18世纪出现在法国，这支持了汗热病与法国有关联的说法。在今天，没有已知的疾病有这样的症状。

是病菌变弱了，还是人变异了？

疾病变轻背后的真相是什么？是疾病变了，还是人体变了？因为要传播出去，所以病菌发生突变，避免太快杀死患者；因为易感的个体全死了，所以人类整体有了抵抗力。在现实中，这两个过程都会发生。梅毒自身变轻了，人类对麻疹产生了抵抗力。在疟疾和麻风等许多病例中，这两个过程也都会出现。因为我们不愿意谈论死亡，想起数百万人死于流感、麻疹和天花，我们就感到不快，所以即便是人类产生了抵抗力，我们也更愿意说是疾病本身变轻了。

假设一种疾病有两种不让患者死得太快的办法：一种是疾病本身真正变轻，不再致命；另一种是这种病依然致命，但放慢杀戮的速度。麻风采取的应该就是第二种方法。历史记录显示，曾经的麻风病传染性很强，而且毒力远超现在的水平。今天人们则很难感染麻风，而且这种病虽说如果不治疗依然会致死，但这个过程要花许多年时间。无论是患者还是疾病，两者的基因都会随时间发生变化。现在许多欧洲人就携带着抵抗麻风传染的基因。

今天我们有直接的基因证据证明，人类具有对血吸虫病、疟疾、结核、麻风、伤寒、霍乱、艾滋病、乙肝及丙肝的抵抗力。而南、北美大陆原住民容易感染流感、麻疹、天花以及其他旧大陆疾病也同样说明，旧大陆人口基因中的抵抗力已经发生了进化。

群体生存需要的不只是个体的抵抗力

当人类社会对一种疾病的应对方式发生了改变，并将这种改变传递给下一代时，除了遗传因素，还存在几种可能。行为回避是一种可以带来防护效果的文化改变。使用蚊帐和驱虫剂的人就具备了“文化意义上的抵抗力”。虽然基因未发生变化，但文化抵抗力从某种意义上说也是可以“继承”的，因为习俗会代代相传。有些社会效应背后也是有生物学基础的。

人们常用的“群体免疫”（herd immunity）这个词来指代两种不同的保护机制。本书中将使用“间接免疫”（indirect immunity）和“群体抵抗”（herd resistance）这两个词。当具有免疫力或抵抗力的大多数人保护了易感的少数人不受感染时，间接免疫就发生了。假设群体中 90% 的人可以免疫或抵抗某种传染病，那么剩下

10% 的人就被保护了起来，因为疾病很难在人群中传播。不会感染这种病的人，自然也就不会传播这种病，他们就把易感的少数人挡在了身后。在实践中，使群体总人口中 75% 左右的人获得免疫力，通常就足以切断传染链，从而保护未接种疫苗的少数人。具体数字取决于疾病本身的性质及其传播机制。

群体抵抗则是另一回事，是庞大的人口和丰富的基因多样性导致的结果。一个群体有许多不同版本的基因可以抵抗传染病。就同一基因来说，有的版本对付某种疾病的效果好，有的版本对付这种疾病的效果差，但对付其他传染病的效果好。不同的个体携带不同版本的具有保护性的基因。即便是一种全新的强毒力疾病出现，在规模够大、基因较为多样的人群中，也会有一些本身对该疾病具有抵抗力的个体。以埃博拉为例，就算是在它暴发最惨烈的时候，也有 10% 左右的患者活了下来。就算大多数个体不幸死去，人类这个物种仍然可以幸存。

如此看来，即使族群中的多数个体都对某种疾病易感，这个物种作为一个整体也是具有抵抗力的。生命仍可以继续。需要强调的是，这里所说的“多样性”，并不是说要用人为的方式让不同种族的个体混居起来。多数当地人群内部都具备相当丰富的基因多样性，尤其是就免疫系统来说。欧洲的黑死病、美洲的天花、非洲的埃博拉，这些疾病袭击的都是先前未有接触的人群，但它们对于“种族纯净”的当地人的致死率是 60%~80%。情况不同的是输入澳大利亚的黏液瘤病，这是一种会感染兔子的致命病毒性疾病。当时人们把染病的兔子放到澳大利亚，是为了控制当地兔子的数量。该病初次流行时就杀死了当地超过 98% 的兔子。当地的兔子是殖民者在早先殖民澳大利亚时带过去的少数欧洲兔近亲繁殖的后代，基因没有什么多样性可言，所以死掉的数量相当多。

对传染病的抵抗力的深远意义

人类在数个世纪中对许多传染病产生了抵抗力。其中一些疾病已经灭绝，另外一些则通过进化生存了下来。当具备一定抵抗力的人群带着他们的疾病碰上了先前与世隔绝且易感的人群时，就会产生严重的后果。由于欧洲人输入的天花与麻疹，美洲的印第安人蒙受了惨烈的损失，这就是个经典的例子。对欧洲人来说，麻疹是一种轻微的儿童疾病，天花虽然不算轻微，但死亡率只有10%~20%。美洲印第安人因为之前从未接触过这两种疾病中的任何一种，就没有机会进化出抵抗力，所以会大量死亡。

在人类的冲突中，疾病会狠狠打击其中一方（有时是双方），这样的例子还不少。有时候疾病会为本地军队作战。阻碍欧洲人殖民非洲的，虽说也有当地的祖鲁人这样享誉世界的勇猛民族，但这些石器时代的战士所做的军事抵抗，并不如疟疾、昏睡病、黄热病等令人毛骨悚然的热带疾病有效。不过，对于人口密集的大都市来说，因为先前有过瘟疫肆虐，所以人群产生了抵抗力，这样一般都会有些优势。当都市人群接触来自文明边缘的、人口没那么密集的蛮族时，后者通常会染病而死。这看起来可能不公平，但瘟疫通常站在帝国的一边，无论帝国是否邪恶。

能抵抗疾病固然是件好事，但有时候也要付出意想不到的代价。人类现在开始意识到，伴随着对传染病的抵抗力的，有时是某些遗传性疾病。镰状细胞贫血就是抵抗疟疾的副产品，囊性纤维化则是抵抗伤寒等引起腹泻的疾病的副产品。想要理解这一点，我们就必须复习一下遗传的机制。和所有高等动物一样，人类的每个基因也有两份拷贝，一份继承自母亲，另一份来自父亲。万一一份因为突变而受损了，还有另一份可用。

能对疾病产生抵抗力，通常是因为某个基因的一份拷贝发生了突变，这种突变使基因的原有功能出现了缺陷。要是孩子继承的两份拷贝（父母一人提供一份）都有缺陷，那么孩了身上就会表现出遗传缺陷；要是继承了一份正常的拷贝和一份变异的拷贝（也就是有抵抗力的），那么就会对某种疾病产生抵抗力；要是继承了两份好的拷贝，孩子会身体健康，但对某种疾病易感。在现实中，这种机制会根据遗传缺陷的严重程度，以及这种疾病的普遍程度与危险程度，达成一种平衡。

通过镰状细胞基因来抵抗疟疾，会导致血液的携氧能力下降。这个基因的一份正常拷贝会让血液携带足够的氧气。有一份正常基因和一份突变基因的人，则可以抵抗疟疾；有两份缺陷拷贝的人，从理论上说更有能力抵抗疟疾，但不幸的是，他们的寿命不足以验证这条理论，因为他们会患上镰状细胞疾病，而且血液无法携带足够的氧气。

自从人类在人口过密的城镇中挤成一团以来，在相对较短的时间里，传染病频繁流行，而现在的我们正是经历了传染病的幸存者。这样一来，与多数野生动物不同，现代人类携带着许多作用可疑的基因改变，而这些基因改变又让我们在短期持续暴发的瘟疫中蒙混过关了。这会对人类整体的健康产生何种影响？这些改变是否会影响我们的行为、智力，或者其他心理机能？具体的影响目前几乎无人知晓，但借助现代基因分析，说我们处在曙光初现的时代也未尝不可。近来一个激动人心的发现是，人们弄清了朊蛋白（prion protein）与大脑中某些受体的关联，疯牛病就是由异常的朊蛋白引发的。正常的朊蛋白似乎可以保护 NMDA 受体（N- 甲基 -D- 天门冬氨酸受体）免于被过度刺激。经基因改造增加 NMDA 受体的小鼠，智力水平会有所提高。那么改变人对疯牛病的易感性会改变智力吗？或许可以。人类和瘟疫被基因做的绳结紧紧绑在一起，我们是瘟疫的孩子。

采集狩猎

早期的人类靠采集狩猎为生。男人打猎，女人收集根、坚果与水果。人类的祖先以小群落为单位漫游，很少碰见其他部族。早期的采集狩猎者视可以捕猎大型猎物的土地为黄金地段。今天仅存的少数采集狩猎者居住在丛林或半荒漠的边缘地带。所以说，早期的采集狩猎者应该吃得更好。但从另一面看，他们如果受伤了，就没法去现代化的医院就诊，也不能用猎取的皮毛来交换 DVD 播放机和糖果。不管怎么说，在一定程度上，我们可以参照现今的采集狩猎者去想象大多数人类在迈入农业社会之前的生活状况。

与定居的农业社会相比，传染病在采集狩猎者中传播的方式有很大不同。影响史前时代传染病传播的有两个主要因素：较小的人口规模与频繁的迁徙。几乎可以肯定的是，古代的采集狩猎者能得上的传染病比我们今天能得上的少。如前所述，在形成密集人群前，我们现在遭遇的多数流行病是不存在的。此外，规模较小、迁徙频繁、相对孤立的部族很少会因为接触其他群体而染上疾病。而今天的采集狩猎者更容易从定居的农民邻居那里得上大多数传染病。尽管如此，他们感染寄生虫或肠道原虫的概率还是要小得多，因为这两者需要通过家养动物的粪便和灌溉设施才能传播。现代采集狩猎者在干燥平原上漫游的方式也保护了他们不受疟疾的侵扰，因为疟疾通常在有沼泽的、潮湿多水的地方出现。

人类寿命与文明发展

总的来说，早期的采集狩猎者要比后来出现的定居农民更健康、吃得更好。在文明出现前，人的寿命应该在三四十岁。女性会生育五六个孩子，婴儿死亡率大概低至 30%，大量年龄介于婴儿与成人之间的孩童会死亡。虽然多数死亡是由传染病引起的，但意外死亡在采集狩猎者中应该也比较多。后来的农耕者要比采集狩猎者更开化——如果是从拥有更好的技术这个角度来说。然而，他们固定不动的生活方式使其更容易染病。当乡村发展为村镇，村镇又发展为城市，疾病就逐渐成了一种负担。早期的农民虽然有更多食物，但饮食通常很不平衡，因为他们只靠几种主要的粮食为生。肉吃得也少，因为驯养的动物太珍贵，不能经常屠宰，只有富人才能定期吃肉。

早期的社会应该经常会暴发由驯养动物导致的传染病，但多数不会持续太久，因为没有足够的人或动物让传染病传播起来。只有在人口数量达到 30 万到 50 万的时候，新传染病才能适应人体，成为针对人类的疾病，从而存在下来。虽说早在大约公元前 4000 年前的苏美尔就有城市出现，但那些城市太小，不足以支撑持续的疾病流行。

第一批足够大的城市出现在公元前 1000 年到公元前 500 年的中东，还有再晚些时候的希腊。这些城市的规模已经大到可以为麻疹等疾病源源不断地提供新的潜在患者。在城市出现之前，也有地方有密集定居的人群，例如埃及尼罗河流域、中东的两河流域。至于说公元前 1000 年之前的疾病可以流行到什么程度，就要看流域内群落与群落之间接触的次数了。

在中东之后，印度和中国也出现了密集的人口，这为动物疾病迁移到人体提供了机会。最终，旧大陆文明的三个中心都建立了联系，它们之间的接触频繁到足以让传染病从一个中心跑到另一个中心。在公元前500年到公元500年之间，旧大陆的这些疾病池合并到了一起。在这个时期的最后几个世纪中，欧亚大陆出现了政治大变动。在西方，罗马帝国覆灭了；在东方，中国进入四分五裂的魏晋南北朝时期。1 000年之后，旧大陆的传染病被带到了新大陆，给美洲造成了巨大的人口损失，整个过程只用了不到一个世纪的时间。

疾病与劳动力

婴儿早夭，加之周期性的疾病流行，让许多古代社会的死亡率高得惊人，因此它们的经济增长或军事扩张会受到人力短缺的限制。这也解释了为什么法兰克人会给不同的社会成员“标价”。在罗马帝国退出历史舞台后，这些日耳曼部落接管了高卢，即现在的法国——这个国名也因这些部落得来。在公元500年后不久，法兰克法典（即《萨利克法典》）规定了“赎杀金”（wergild），作为对非正常死亡之人的赔款补偿，不同的人金额不同。法兰克王国的一个自由民价值200苏（1苏大约与1头母牛等值），一个育龄女性价值600苏，与国王亲随同价，但是未到育龄或过了育龄的女性就只值200苏。

在整个历史的大部分时间里，人类都过着缺衣少餐、肮脏、完全不讲卫生的生活。年景好的时候，有幸活到成年的人基本有望活到40岁。在真正的悲惨岁月里，例如中世纪初，受战乱、饥荒、瘟疫的侵扰，人类的总体寿命可能也就是20岁。正如理查德·道金斯在《自私的基因》中强调的，进化是一种播撒基因的机制。活着的目的不是让人能享受闲暇时光，也不是让人脑能思辨问题，而是简单地将我们自身的遗传信息传递给后代。母鸡就是一部能下蛋的机器，无非是长得花哨些。基于人类历史上大量夭折的儿童，才有了适者生存。再具体点说，传染病一直都是人类最大的杀手，而早夭选出了那些带有抵抗这些疾病的基因的人。按照达尔文主义者的看法，文明会传播成功的基因，尤其是那些能抵御传染病的基因，而不是什么文化成就。

微生物是怎么变危险的?

现在我们要回到微生物的观点。就造成伤害的程度来说，感染原的能力各不相同。在讨论“专业”疾病之前，我们也不能忘记那些机会主义者。当人因受伤、裸露或饥饿而变弱时，或者在免疫系统失灵时，原本无害的微生物也可能致病。这类机会主义式的疾病受到关注和艾滋病有不小关系。艾滋病患者的免疫系统会受到损害，正如它的学名——获得性免疫缺陷综合征——所示。艾滋病本身并不致死，致死的是趁着人体免疫防御缺失侵入人体的机会主义疾病。它们在正常情况下栖息在人的皮肤或内脏中，此时会侵入往常无法在其中生存的组织。另一些微生物在正常情况下则不会感染人类。

这种机会主义入侵者的存在意味着，许多微生物处于枕戈待旦的状态中。它们可以分解人体组织，将其当作食物。如果能从免疫系统的反击中存活下来，它们就会入侵我们。这些微生物可以通过两种方式变得对健康人有威胁：第一种是逐渐积累突变，让它们能存活在人体组织中；第二种是获得一套预先组装好的致病因子。

细胞携带的遗传信息是用遗传编码写在 DNA 分子上的。DNA 分子时不时会出现损坏，原因各种各样，于是它们包含的信息就被改变了——或者用生物学家的话说，发生了突变。很多辐射会导致突变，例如太阳紫外线；某些化学物质也会导致突变，例如煤烟、焦油和香烟烟雾中的化学物质。然而，自然界中人约半数突变都是无心的失误。每当一个活体细胞一分为二，它就要复制自身的 DNA，好保证后代得到自己基因的拷贝。这个过程并不是百分之百可靠的，偶尔会发生错误。每一代中大约有百万分之一的基因会发生突变。许多突变没有影响，但有的突变是致命的。尽管这样，生物体内发生的突变还是会慢慢积攒。

病毒的突变速度比细菌快得多。更高等的生物，包括疟原虫这样的原生动物，变化得很慢。这并不是因为缺少突变，而是因为对突变的耐受性。这一点又取决于相对的基因复杂程度。随机突变不太可能让一个较简单的生物体发生大问题，所以说基因数量越少，生物体变化的速度就越快，同时能保持正常的机能。高等生物拥有大约 10 000~50 000 个基因，细菌有 500~5 000 个基因，病毒有 3~1 000 个基因。假设有两部机器，一部组件很少，另一部组件很多。机器需要彼此交互的零件越多，我们就越不容易改变单个组件。如果我们随机更换了一部复杂机器中的一个零件，那么它就有可能和其他组件产生冲突。如果是一部简单的机器，出现冲突的可能性就比较小。举例来说，如果把一把面包刀的刀柄或刀刃加长到原来的两倍，它还是可以用来切面包。但如果把汽车引擎里随便一个组件的尺码加大到原来的两倍，那汽车应该就不能开了。所以说，基因越少，突变被容忍的可能性就越大，进化可能就更快。

在人类历史上，蠕虫、真菌或原虫导致的疾病相对来说变化很小。疟疾是人类最早记录的一种传染病，但古人对其症状的描述在今天依然能被认出来。相反，病毒性疾病变化得非常快，它们的症状慢慢就没人能认出来了。细菌的变化速度处于两者之间。公元前 400 年前后古希腊人描述的许多传染病，在今天仍能被识别。它们多数是细菌性疾病，而病毒性传染病只有一种，疱疹。古代的许多疾病流行在今天已经无法辨识，即便当时的人详细记录了疾病的症状。这些应该是一些已经变化得让人认不出来的病毒性疾病。

基因通常由 DNA 构成。在日常运作中，细胞会把自己的基因制成能工作的拷贝，也就是 RNA，一种与 DNA 有关的分子。原初的 DNA 拷贝会一直安全地存储到细胞分裂为止。RNA 不像 DNA 那样稳定，拷贝出来也没有那么准确，所以它更容易突变。有些病毒就包含由 RNA 构成的基因，它们能承受活细胞无法承受的突变率。即便是对病毒来说，只有那些基因数量很少的（不超过十几个）病毒，才能由 RNA 构成。话虽如此，很多单个病毒颗粒诞生之时也带有缺陷。尽管有这些缺点，许多成功传播的病毒都是RNA病毒。对病毒来说，其中的优势在于，不停改变可以伪装自己，不被免疫系统识别。例如，流感和艾滋病的病原体都是RNA病毒。流感病毒突变得非常快，今年的流感疫苗对明年的流感毫无作用；艾滋病病毒突变得更快，就连单个艾滋病患者体内的艾滋病病毒彼此之间都有很大区别。这就让药物治疗变得极为困难，因为单个患者体内就会产生抗药的病毒突变。

致病基因经常移动

虽然细菌进化得比病毒慢，但时不时就有先前无害的细菌在一夜间变成专业杀手。这是因为基因片段会在不同细菌间传递。一种细菌也许需要上千年的时间，才能逐渐突变出几个基因，来更好地入侵宿主动物体内的组织。之后，这些基因可能会一下子转移到另一种细菌上——后者或许还是另一种动物身上的无害居民。于是一种新型疾病就立刻出现了。

细菌细胞内携带的基因一般有3 000个左右，位于一根环状DNA上，也就是细菌染色体上。会移动的额外基因通常由更小的环状DNA携带，即质粒（plasmid）。当细菌分裂的时候，质粒也会一分为二，所以它们携带的基因也可以被遗传，就和主染色体上的基因一样。在所有天然的细菌中，大约半数包含一个或多个质粒。许多质粒能在细菌间移动。虽然这种移动多发生在亲缘关系较近的细菌之间，但少数质粒可以跨越科的界限。

肠杆菌科细菌是一组有亲缘关系的细菌，多数生活在动物消化道内。它们分布很广，多数无害。然而，一旦它们获得了一个携带致病基因的质粒，基本上都会变得很危险。腺鼠疫是由鼠疫耶尔森氏菌（*Yersinia pestis*）引发的，它的亲戚小肠结肠炎耶尔森氏菌（*Yersinia enterocolitica*）有时会导致轻微腹泻。鼠疫耶尔森氏菌带有三个致病质粒，它那个不如它厉害的亲戚只有一个。

虽然这些致病基因片段通过质粒在细胞间移动，但它们偶尔也会插入细菌染色体内，从可有可无的额外物品，变成永久性的固定搭配。在肠道细菌中，最知名的例子出现在沙门氏菌属中。伤寒杆菌，或者称伤寒沙门氏菌，至少有三个完整的致病基因片段。它的亲戚们没这么危险，只有一个或两个致病基因片段会导致食物中毒或低烧。此外，有些沙门氏菌也会携带致病质粒。

病毒、质粒与毒力

质粒是额外的基因簇，而病毒是可以感染细胞的基因包。这两者有关联吗？有的时候的确有关联。一些感染细菌的病毒有两种生活方式可选。它们可以表现得像典型的病毒一样，破坏细菌；它们也可以不杀掉宿主细胞，而是以环状 DNA 的形式生活在细菌中，换言之，它们变成了质粒，与宿主细胞同步复制，还有一些感染细菌的病毒则可以将自身的 DNA 插入到细菌染色体中。

最有名的肠道细菌，大肠杆菌，通常是无害的肠道居民。它之所以有名，是由于它在基因工程中的明星角色。不过，它可以接纳各种各样系带致病基因的质粒与病毒，所以大肠杆菌会有一些危害极大的毒株。1993 年 1 月，大肠杆菌 O157:H7 型首次面世，同步出现在西雅图、内华达、爱达荷与加利福尼亚，原因是一家快餐连锁店的中央供应商向各地的门店提供了受污染的汉堡。它带来的症状是血性腹泻，随后是肾衰竭，有时会导致儿童死亡。除了质粒上的致病因子外，大肠杆菌 O157:H7 型上还有一株驻留的病毒，它携带着志贺氏菌毒素的基因。志贺氏菌毒素的名字来自志贺杆菌，这种细菌会导致细菌性痢疾。因为对肾有损伤，所以这种毒素让大肠杆菌 O157:H7 型从令人生厌变为危及生命。大概不知什么时候，这种病毒感染了志贺氏菌，还获取了志贺氏菌毒素的基因，然后迁移到了大肠杆菌之中。

如此看来，质粒或病毒都能携带致病基因。在亲缘关系较近的细菌间迁移自然是比较容易的，假以时日，基因簇也可以一步一步地迈向无亲缘关系的细菌。已有详细的分子分析显示，肠杆菌科中发现的致病基因簇并不属于这个科。推测起来应该是这样的：这些致病基因簇在其他科的细菌中进化了很长时间，随后开始迁移。它们的最初起源至今未知。

4

水、下水道、帝国

Water, sewers, and empires

引言：生物学的重要性

传染病极大地影响了历史事件，这是本书的一个主要论点。本章将探讨疾病对古埃及、古印度以及罗马帝国这三大文明的影响，尤其是水源性传染病对它们的影响。正史强调领袖的行动、将官的谋略、政府的政策等因素，有时候，经济被提出来当作更深层的原因。但经济受原材料和天然资源的影响。不管你的统治者多能干，你的财政政策多开明，想在沙漠中创建一个欣欣向荣的社会是很难的——当然，除非你挖到了石油！这样我们就来到了生物学领域。石油与煤矿的源头主要是生物，是数百万年前就灭绝的植物的腐烂残骸，那时的地球还没有人类。

政治的背后是经济，经济的背后是生物学。所以，在我看来，要想通透地理解历史和时事，就要加入生物学的角度。虽然本书关注的是疾病的影响，但生物学方面的影响也很重要，包括环境恶化、气候变化、人口过多、污染。此外，这些因素也会促使疾病传播。

灌溉帮助了农业，也传播了病菌

人类的首批城市出现在河边：底格里斯河与幼发拉底河、尼罗河、黄河。灌溉技术让作物增产，从而令人口密度增大，于是古代这些依河而建的文化统治了周边地区。

古埃及以其统治的长久而闻名，发源于黄河流域的华夏文明也同样长寿。在历史上，依赖灌溉技术的定居农业社会有两个著名的特点：长期稳定与普通大众的顺从。灌溉要有大规模的公共设施，也就要求有大量有组织的劳动力，所以需要有专制的国家去控制下层阶级。这种政治意义的解释忽略了这样一个事实，即这种需求不是靠魔法来满足的。但传染病补全了这个缺失的机制。灌溉设施高效地在农业工人间传播着传染病。水源性疾病包括许多细菌性传染病、病毒性传染病以及寄生虫病。

阶级制度、水、传染病

综观历史，人类社会多分化为界限严格的阶级或种姓。即便在同一个国家，即便人们信仰同一种宗教、说同样的语言，地位高的人也会避免和地位低的人混在一起。早期人类社会，也就是原始部落，以及具有社会性行为的灵长目动物，例如狒狒，都有一套等级制度，只不过缺少明确的界限。阶级制度不仅基于社会力量。虽然这类力量或许有助于阶级隔离，但其背后有更深层的生物学原因。

传染病对社会地位低下的穷人的打击力度向来远远超过对有权势的富人的打击力度。避开下等群体和疾病缠身的人群不仅仅是个地位的问题。在 18 世纪和 19 世纪，英格兰上层绅士若是与工人阶级走得太近，其感染肺结核的风险就会翻一番。当时有名望的人不和比他们社会地位低下的人交往，也不拜访名誉不佳的家庭。性与社会上的声誉都强化了对感染的规避。今天，在工业化的国家，传染病的威胁极大地降低了。没错，既然已经安全了，所有想要赢取廉价支持度的政治领袖都会安排“人群混居”。

传染病或许还让底层固化为底层。即便是在今天，也有差不多 50% 的埃及人患有各种各样的寄生虫病。埃及在数次阿以战争中的差劲表现，可以部分归咎于该国士兵因疾病而羸弱的体质。在古埃及，光脚走在水田里的农民几乎无一例外会感染血吸虫病。军事贵族阶层远比农民健康、强壮、精力充沛。对比来看，未定居的人，像匈人、蒙古人、汪达尔人还有阿拉伯人，都更难实行统治，他们的帝国也更短命。在这些地方，下层阶级不会必然因其经济地位而变得病弱。

腹泻相关疾病的起源

人类肠道是许多细菌的家园。在小肠里，每 1 克消化物中就混杂着数百万个细菌。在大肠里，每 1 克消化物中混杂的细菌增加到 1 000 亿个，相当于地球人口数量的约 20 倍。这些细菌绝大多数是无害的，而且有的还有益处，能起到帮助消化、制造维生素，或保卫自己的居留地，防御其他更危险微生物入侵的作用。

正如之前讲过的，时不时地，我们体内的无害微生物居民中会有一个变坏并致病。除此之外，有害的新成员也可能源自其他动物。多数新成员可能是在城市人口变密集、出现了更多机会之后进入人体的。在茹毛饮血的时代，新型传染病的暴发会被限制在一群或几群游牧猎手的范围内，而且这种疾病应该不会长期存在。随着人口变得更密集，失常的微生物就有更多机会在更大范围内传播，并且在更长的时间里存活。

生活在肠道中的病毒基本也遵循这样的规律。这些病毒会感染肠道细胞，带来小量的破坏。多数病毒产生的破坏非常之小，以至于不被人注意。少数病毒则会引发腹泻。轮状病毒是导致婴儿腹泻的最常见病毒。在第三世界国家，感染轮状病毒可能危及生命，不过对工业化国家来说，这种病很少致命。轮状病毒已经与人类共处了很长时间，针对它的适应性得以进化出来。乳凝集素是一种蛋白质，由乳房合成，出现在人乳中。它不会被婴儿吸收，而是会留在婴儿的肠道里。乳凝集素会模仿肠道细胞的受体，因此能够与轮状病毒结合。当轮状病毒没有附着在肠道上，而是与乳凝集素结合后，病毒就会漂在肠子里，被排出体外。母亲若能提供较高水平的乳凝集素，婴儿罹患轮状病毒引发的腹泻的概率就小得多。

霍乱源自印度次大陆

对于在最早的文明中出现的传染病，我们只能猜测它们的影响。不过，肠道疾病应该是第一种颠覆整个人类文明的疾病。可以把覆灭原因合理归结到传染病身上的首个文明，位于印度河流域。有详尽的证据证明，霍乱，或者一种与霍乱亲缘关系较近的水源性传染病，在该文明的崩溃中发挥了作用。想要理解这一点，我们先要考虑一下霍乱本身的历史。

霍乱是由名为霍乱弧菌（*Vibrio cholerae*）的细菌导致的。霍乱患者会出现严重腹泻，无人照管的患者则有可能死于脱水。霍乱被认为源自印度，19 世纪才出现在世界舞台上。印度医师在公元前 400 年前后首次描述了霍乱的病征，但这种疾病肯定在这之前很早就是地方性流行病了。在那之后，它多次在印度流行，尤其是在恒河三角洲地区。全印度的印度教徒都会前往恒河上的圣城贝拿勒斯[1]朝圣。大规模朝圣产生的人流很容易在主要人口中心之间传播水源性疾病。在恒河周边与该河汇入孟加拉湾的区域，朝圣的人流也加重了当地因人口密集导致的污染问题。

19 世纪初以前，霍乱还只是停留在印度。在之后的一个世纪里，世界范围的霍乱大流行暴发了六次。1817 年，霍乱向西扩散到了中东和俄国南部，向东到了马来亚、泰国以及日本。它于 1831 年抵达英格兰，次年到达北美。在 1853—1856 年的克里米亚战争期间，一场霍乱大流行造成了巨大的人员伤亡。在英国及其盟国的 25 万参战士兵中，大约 2 万人死于霍乱。

可是为什么在 19 世纪以前霍乱没有横扫欧亚那些不卫生的城市呢？欧洲的船队自 16 世纪起就开通了到印度的定期航线，而且在印度的英国士兵与商人也因为霍乱死伤惨重。没人知道确切的答案，但人们有理由猜测，如果找不到新的潜在患者，霍乱在暴发数周后就会偃旗息鼓。而早期的帆船速度太慢，要花相对长的时间才能抵达欧洲，所以在印度登船的霍乱熬不过漫长的航程。航速更快的蒸汽船的出现和苏伊士运河的开通是这之后的事情，要到那时东西方的接触速度才更快了。

1. 贝拿勒斯（Benares），即瓦拉纳西（Varanasi）。——译者注

霍乱与供水

1832 年，约翰·斯诺（John Snow）调查了英格兰北部纽卡斯尔（Newcastle）附近基林沃思煤矿暴发的霍乱。他得出结论认为，霍乱不是由糟糕的空气携带，也不会直接人传人。他认为持续的腹泻，以及不洗手、不分餐才是罪魁祸首。矿工随身带着食物和水，在矿洞里一待就是八九个小时。就像一位知情人所说的：

> 我担心，我们矿工的卫生情况比别处的好不到哪里去。这个矿洞就是个大粪坑，而且男人总是不洗手就吃饭。

斯诺继续在伦敦贫民窟开展他的调查工作。挤在肮脏环境中的穷人很容易成为霍乱的目标，但富人是怎么感染这种疾病的呢？斯诺意识到，公共供水设施可能被带菌的污水污染了。这就解释了为什么有的社区疫情严重，而从不同给水管或其他水井取水的临近社区却毫发无伤。在 1851 年的霍乱暴发中，由南华克和沃斯霍尔公司（Southark & Vauxhall）供水的 266 000 名居民中有 4 093 人死亡，而该公司正是从污水横流的泰晤士河取水的。相比之下，由兰贝斯公司（Lambeth）供水的 173 000 名居民中只有 461 人死亡，它的水源未被污染。

斯诺证明，霍乱患者的大量排便污染了水体，病菌由此得以传播。英国随后采取行动，保证供水清洁，其他工业化国家纷纷效仿。到 20 世纪初，欧洲和北美的多数城市的清洁程度都达到了罗马人在公元1世纪达到的水平。不得不说这是进步！最后一次霍乱大流行始于1891年的印度，仅仅扩散到俄国。西欧地区基本未受影响。

古印度文明的兴衰

公元前3000年到公元前2000年，古印度文明处于鼎盛时期，以印度河与萨拉斯瓦蒂河周边区域为中心，即今天的印度北部地区与巴基斯坦境内。凭借有利的地理位置，古印度文明扩散的面积要比古埃及和古代中东的文明大得多。古印度文明最知名的两座城市是哈拉帕（Harappa）和摩亨佐–达罗（Mohenjo-Daro），它们均位于现今巴基斯坦南部。摩亨佐–达罗的人口估计有3万到10万。对传染病来说更重要的是，这一区域还星罗棋布着数十个大小不一的城镇，有相当多的人口彼此接触。

古印度的城镇经过了精心的规划。街道宽度一致，主路宽9米，小街道宽3米或1.5米。多数房子有固定的设计样式，用大小统一的砖搭建。在古印度文明中，每块砖的相对尺寸几乎都一样。古印度文明最大的成就可能还要算它的供水和排水系统。所有大城市中心都有成熟的公共管道工程，有供水渠和下水道。对于摩亨佐–达罗这样的中心城市来说，几乎家家户户都有独立卫生间。下水道将污水汇集到一条公用的地下排水系统中。“摩亨佐-达罗大浴池”是世界上最早的公共浴池，尺寸是 12m × 7m × 2.4m。没人知道这个浴池的用途，但考古学家多认为它有宗教净化的意味，是某种洗礼池，而不是游泳池。不管用途到底是什么，浴池的建造都很考究。砖块全被覆以石膏，并被抹了一层沥青，以确保砖块之间贴合紧密，从而确保不漏水。

虽然有这些技术上的优势，但古印度文明停滞不前了，除了初期的这些成就外没取得多少进步。最终它覆灭了，身后并没有留下什么醒目的文化遗产。大约在公元前 1900 年，萨拉斯瓦蒂河干涸了，直到 20 世纪 90 年代，世人才通过卫星照片发现了它的古河道。而其他几支小河改道后注入了印度河，导致印度河过载，它的冲积平原也成了洪泛区。到公元前 1800 年，古印度文明已经消失得无影无踪。在接下来的 1 000 年里，印度再未出现过城市文明。

河流改道是世事变迁背后的原因吗？有考古学家这样想。与发生在印度的事情类似，美索不达米亚文化也要与洪水、干旱以及两河河道的变迁做斗争。虽然单个城市和政权说不定什么时候就会倾覆，但文化整体不会崩坏，因为人会搬迁到其他地区继续生活。古印度文明的覆灭也被归因于从北面打过来的印欧入侵者（雅利安人）。尽管耸人听闻的文学作品喜欢夸大自己的年代之久远，但讲述雅利安人入侵的《梨俱吠陀》的成书的时间不会早于公元前 1000 年，而且在接下来的几千年里再也没有关于雅利安人入侵的记录。所以说，这些入侵者抵达的时间要远远晚于哈拉帕和摩亨佐-达罗被废弃的时间。还有，在古印度的城市荒废之际，乡间的生活似乎仍在继续，相对来说没有什么中断。有些考古学家总说“系统的崩塌”，这意味着他们并不知道崩塌的原因，他们只是觉得在外行面前承认这一点太尴尬。

水源性疾病面前脆弱的城市

在高度组织化的城市生活持续了千年之后，延绵千里的城市都在一两个世纪里被废弃了。要想解释此种规模的文明缘何会整体崩盘，我们需要知道为什么城市生活无法存续，但乡间生活能一如既往。哈拉帕和摩亨佐-达罗末期的考古层出土了大量未经掩埋的骸骨。起初这被认为是入侵和征服的结果，但人们仔细检查后发现，这些骸骨上并没有剑、斧等武器留下的标志性伤痕。这代表着这场屠杀的始作俑者并非人类。唯一可能的解释就是某种疾病的流行。古印度文明的强大之处也正是它的阿喀琉斯之踵（实际上，阿喀琉斯还要再过 500 年才出生！）。一套供应水的系统也可以传播水源性疾病。1956—1977 年，美国暴发了 550 场水源性疾病，相关记载很好地证明了这一点。虽然没有几场造成严重的后果，但这些数字说明保证供水安全是十分紧要的，不可松懈。

哈拉帕和摩亨佐-达罗的公共水井的井沿只高出地面几英寸。下水道系统确实在地下，但也只埋了 1~2 英尺深。每当因为堵塞或局部水患而导致污水反涌，供水设施就会被大面积污染。事实上，这套系统非常容易被污染，以至于早期的考古学家并不相信这里的下水道可以用来处理人类排泄物。但后来的发掘显示，公厕直接与这套下水系统相连，而且还有木制的筛网用来过滤硬质的废物。维护工人通过街上的窨井进入下水道，他们清出来的垃圾堆显示，这里经常发生管道堵塞。

今天的人们可能会想，既然这样，他们又是怎么坚持了千年之久的。可能的答案是，在古印度城市初建的时候，强毒力的水源性疾病尚未进化出来。如前所述，多数强毒力的流行性传染病是在最近几千年才进化出来的。在共用一套供水设施和下水道的密集人口出现前，引起腹泻的严重疾病没有途径传播。在公元前3000年到公元前2000年这段时间里，先前依靠偶发的轻微腹泻从一个人肠道跑进另一个人肠道的细菌，有了理想的条件，进化成了毒力更强的水源性杀手。不客气地说，霍乱的进化可能正是古印度文明的“遗产”。霍乱或许是古印度文明崩溃的最有可能的原因，尤其是考虑到印度人在很早的年代就知道这种疾病。不过，从古印度文明的倾覆到最早关于霍乱的可信记载的出现，中间隔了1 000多年，所以其他的腹泻疾病，例如由志贺氏菌或沙门氏菌等肠道细菌引发的疾病，也可能是古印度文明倾覆的原因。

或许在霍乱进化出毒力更强的形态后，它就飞快地从印度河流域的一个城市传播到了另一个城市。年代越久、规模越大的城市，就越易受感染，而乡村社区受到的影响则要小得多。在现代医学出现前，霍乱流行通常会在几天内杀死大量人口，死亡率非常高。流行病袭来之际，许多城市居民觉得是自己触怒了神灵，于是便逃往乡下。有人也许会质疑，疾病怎么可能让整座城市被遗弃？别忘了，在中世纪的欧洲，城市中的死亡率高于出生率，而且城市人口只能靠持续迁入的乡间移民来维持。

为什么水源性疾病没有将其他城市文明扫荡一空呢？罗马人不是也有一套广泛使用的供水系统吗？一方面，罗马的下水道系统可以更有效地移除人类排泄物。或许罗马人是把台伯河当成了一条大下水道，但是罗马人通常不从里面汲水饮用，而是用高架渠跨越相当远的距离，从人口稀少的高地取水。高架渠将水抬离地面，远离可能的污染。假使那时候真有什么靠污水传播的严重疾病，它也无法兴风作浪。接下来，本书就将探讨是什么疾病撼动了这个伟大的帝国。在这之前，我们还要再思考一下罗马的衰亡及其市政工程系统的崩坏为腹泻疾病卷土重来提供的机会。

霍乱、伤寒与囊肿纤维化

囊性纤维化与对霍乱的抵抗力有关联，这当属近代一项有趣的发现。囊性纤维化是一种遗传疾病，每 2 000 个白人儿童中大约有 1 人患病，但在其他人种身上很少出现。要得这种病，患者必须要从父母双方各继承一份有缺陷的基因拷贝。只有一份缺陷基因的携带者不会显现出症状，因为只要有一份完整的相关基因就足以保证健康。从分子上看，囊性纤维化是氯离子跨细胞膜转运失败导致的。人体内的水通常会跟随氯离子流动。水流动不充分意味着贴在肺中保护肺部的黏液会变得异常黏稠，缺少足够的水将其稀释。这不仅会堵塞气道，还会滋生有害的细菌。这些黏液保护了细菌不被免疫系统消灭，还为细菌提供了养分。气管壁上的细胞会被杀死，并被纤维化的瘢痕组织取代，该病的名称也就因此得来。最终病人会因呼吸衰竭死亡。

霍乱患者死亡的原因是脱水。这意味着包括氯离子在内的离子会从肠道细胞内释放出来。水跟着离子走，所以人会腹泻。如果有一份有缺陷的囊性纤维化基因拷贝，氯离子和水会移动得更慢，这有助于防止人体内的水因为腹泻而流失。因此，一份有缺陷的基因能抵御霍乱或者其他任何导致腹泻和痢疾的疾病，但是不会让水流慢到引发囊性纤维化的程度。

大约 4.3% 的白人带有一份有缺陷的囊性纤维化基因，而 0.05% 的白人带有两份有缺陷的拷贝。带有两份缺陷拷贝的人就是囊性纤维化患者，他们无法活到育龄——这种情况直到近些年才有所好转。有鉴于此，人们可以计算出这种基因的缺陷拷贝在基因池中消失的速度。囊性纤维化这种病持续存在，那就说明也许需要有突变不断产生出有缺陷的拷贝，而且突变的速度和它们在自然选择中消失的速度一样快。然而经计算发现，要达到此种效果所需的突变率，比现实中的突变率高了 100 倍。由此可知，囊性纤维化疾病的流行不可能是因为持续出现的新突变。恰恰相反，囊性纤维化突变在以一份拷贝的形式出现的时候，恰恰是被大自然所青睐的，是更能传递给后代的。更深入的基因分析还发现了连锁不平衡（linkage disequilibrium）现象，这意味着囊性纤维化基因的突变版本与相邻基因一起传递给子代的概率高于随机概率。这证实了囊性纤维化基因的突变版本是与邻近的基因一起被传递的，而不是以随机出现新突变的方式不断被重新制造出来的。

囊性纤维化基因中的不同位点（site）存在许多稍有不同的突变，它们都会引发缺陷。人们到现在为止已经侦测到该基因大约 50 个版本各异的缺陷。不管怎么说，从分子水平上看，在北欧找到的各种有缺陷的囊性纤维化基因中，有 90% 具有相同的缺陷（即缺失了氨基酸序列中第 508 位的苯丙氨酸）。另外 10% 的基因包含了约 40 种不同的缺陷。这意味着，大多数缺陷基因都继承自同一群数量不多的祖先，而不是随机突变出现的。经计算可知，如果囊性纤维化基因的缺陷版本通过遗传维持在当前的水平，那些有一份缺陷拷贝的人的存活率会比有两份正常的拷贝的人高 2.3%。

但是，这种优先存活真的是因为对霍乱的抵抗力吗？如果是这样，那么囊性纤维化应该在印度人与其他亚洲人身上出现得最多，可事实恰恰相反。回到欧洲人身上，假设每个基因每代的突变率为 1/100 000，那么在没有任何优势的情况下，差不多有 0.6% 的人口会拥有一份有缺陷的拷贝。霍乱于 1820 年前后首次出现在欧洲，距今差不多是 8 代人。基于 2.3% 的选择优势，那么经过 8 代人之后，拥有一份缺陷拷贝的人口比例会增加到 0.72%，远远不及现实中的 4.3%。假设 20 年为一代人，2.3% 的选择优势需要大约 1 700 年，才能达到今天 4.3% 的水平。

罗马帝国的崩溃与整个欧洲卫生条件确定变差的时间，恰恰与 1 700 年的时间完美契合。这次历史事件肯定导致了许多疾病的传播，例如伤寒、细菌性痢疾以及轮状病毒导致的疾病。就像霍乱，所有这些疾病都有腹泻的症状，而且都通过被人体排泄物污染的水传播。最近，伤寒与囊性纤维化之间的关联得到了进一步揭示。人们发现伤寒杆菌会先进入肠道内壁细胞再侵入血液，而它在进入肠道内壁细胞时会用到囊性纤维化蛋白质。这样，有缺陷的囊性纤维化蛋白质就会专门抑制住伤寒，并逐渐减轻腹泻的程度。在工业时代之前的欧洲，伤寒是一种死亡率在 10%~20% 的地方病。别忘了，在那个年代的很多时候，婴儿的死亡率要远超 50%，或许其中一半都是死于会引发腹泻脱水的疾病。不是死掉的成人，而是生存下来的婴儿驱动自然选择出了囊性纤维化的突变。

疾病对罗马的崛起有何影响？

人们常说，在罗马这个伟大文明的衰亡过程中，疟疾扮演了重要的角色。在探讨罗马的衰亡前，我们先来看看和这个帝国的崛起有关的生物学因素。

罗马人有两大美德，纪律与实用主义。前一项造就了古代效率最高的军事组织，后一项则表现在他们的市政工程上。罗马人因他们的军团和道路而被铭记，不过他们还建造了各式各样与水有关的建筑：储水池、高架渠、水道、灌溉渠、公共浴室、下水道和绵延的水管。

从生物学上看，改进后的水利工程有两大效果。更好的灌溉条件增加了罗马人的粮食亩产量，从而支持了更大的人口密度。此外，通过提供清洁、新鲜的用水，以及通过建造公共浴室和下水道，罗马人大大减轻了污水污物携带的传染病所造成的影响。这样，和不那么卫生的竞争者相比，罗马的人民就更健康，被疾病夺走性命的人更少。人口越多意味着军团的新鲜血液越多，更多的士兵意味着更多的胜仗和更多要灌溉的土地。一个上升螺旋就这样运转起来了，直到有不利的生物学因素让它无法继续下去。

增加的人口密度是首个看似不利的生物学因素。我们想象一个社会，它发展到了有大量人口聚集到城市的阶段，而且这些城市的规模要远远超出临近的群落，就像巴比伦、尼尼微、雅典或罗马。任何流行病在拥挤城市中的传播效率都要高于在人口稀疏的村镇的传播效率。任何过度拥挤的城市都逃不过瘟疫的袭击。它的人口会大幅缩减，在一段时间里变得易受攻击。然而，只要它能挺过来并恢复元气，它的新人口就具备了抵抗力，可以抵抗早先的瘟疫卷土重来。换言之，当有传染病流行时，密度更高的人群会率先进化出抵抗力。

等到下一次重大冲突爆发时，调拨的军队和迁徙的难民就会在战区四周散播传染病。大城邦的敌人，即来自较小的村镇的人，他们培养起来的抵抗力不如大城市的人。好了，脏活儿基本都由传染病干了：敌人会被流行的瘟疫击溃，大城市获得了巨大的优势。虔诚或许会带来洁净，但病魔会与密集的人口并肩作战。

可我们怎么能鱼与熊掌兼得呢？首先，并不是所有疾病都是通过水或人体排泄物传播的，所以改善市政工程的卫生条件仍然无法避免腺鼠疫、斑疹伤寒或疟疾等虫媒疾病，以及麻疹、天花等空气传播疾病。其次是时间先后的问题——罗马不是一天建成的。在历史早期，罗马确实经历过几场流行病的袭击。今天的人们不知道那些是什么疾病，因为相关记录残缺不全，没有多少关于症状的线索。虽然罗马被打得很惨，但它挺过来了。

总之，在具有抗病人口优势和充足的健康劳力供应这两者之间必须达成一种精妙的平衡。所以伟大的帝国就那么几个，而且相隔很远。即便如此，当一个重要的人口中心已然超越了其他竞争者，上述生物学因素就会使其变得极难被撼动。话说回来，所有美好的事物都有终结的那一天。随着人口密度不断增大，命运的摆锤会转而支持传染病的传播。看不见的微生物军团迟早会卷土重来。就罗马来说，这是很久之后的事情，而且直到自然资源耗尽才发生，资源耗尽引发的环境破坏也助了疾病一臂之力。

疟疾同罗马的衰亡有多大关系？

在古代，疟疾在意大利、希腊、中东以及北非的大片地区都是地方病。这些地区都被整合进了罗马帝国的版图。虽然我们总以为古代人不知道疾病的原因，但事情并非总是这样。罗马作家瓦罗曾有这样的理论假设，即疟疾是“细小的微动物”导致的，这些“微动物”会在多水的地区繁殖，飘在空中，通过口鼻进入人体，导致人发烧患病。他的理论并不完全正确，但比较接近真相了。其他罗马人意识到，沼泽里滋生的讨厌昆虫帮助了疾病传播。瓦罗的问题并不在于无知，而是在于没有办法证明自己的论断。1 000 多年以后，西方技术发明出了显微镜，它看到了瓦罗说的“微动物”。基于同样的原因，那些认为疾病来自神的愤怒、瘴气或垃圾腐臭气味的人，往往主导着公众的意见。

疟疾真的推动了罗马帝国的覆灭吗？罗马帝国确实因为疟疾遭受了很大的损失，这点千真万确，但位于地中海沿海地区的其他古代文化也都蒙受了损失。与腺鼠疫或天花不同，疟疾并没有成为横扫整个文明、在较短的时间里大肆杀戮的流行病。疟疾是一种地方病，会长期侵袭一个地方，那里的居民也因此持续地、反复地被感染。这种疾病导致的持续而沉重的损失不仅仅体现在夺人性命上，它还会夺走人的活力。在疟疾是地方病的地区，新生儿死亡率最高。成人通常可以痊愈，但身体会变得严重虚弱，而且会频繁生病。

尸体证据显示，疟疾自新石器时代起就已出现在地中海东部区域。人们在制作埃及木乃伊时通常要挖去腹部器官，但制作木乃伊的方法是逐渐变化的。最早的埃及木乃伊，也就是制作时保留了腹部器官的那些木乃伊，它们当中有些脾脏严重肿大，这就是患疟疾的症状。在公元前5世纪的某个时间，疟疾传播到了希腊。在之后的一个世纪里，它成了最常见的重病。公元前4世纪，疟疾传播到了罗马附近的沼泽地区。罗马人的应对方式是开始崇拜费博里斯（发烧女神，Febris）。此外，罗马还开始从山地招募军团士兵，因为那里没有疟疾。

从生态学上看，联手危及古代文明的三大要素是：森林砍伐、水土流失、沼泽地的形成。取暖、烹饪、熔化金属矿石都会消耗大量的木材。牧养牲畜，尤其是山羊，会妨碍灌木和树木再生，让事情进一步恶化。虽然罗马人和希腊人会种橄榄树和果树，但他们从来没放弃过砍伐森林做燃料的念头。这样一来，罗马帝国不断增长的人口毁掉了地中海区域的大片森林，于是裸露山坡上水土严重流失。当高地上土壤的肥力降低后，生产力也就随之下滑。被河水冲到下游的土壤堆积在地势更低的地方，尤其是湖泊周围和河口处，在那里形成了平坦的、排水不畅的沼泽地，沼泽地滋生出来的蚊子传播了痢疾。虽然冲积土层能提供富饶优秀的农地，但疟疾的出现赶走了许多农民。那些留下来的人则遭受疾病的不断侵袭，变得虚弱。疟疾几乎永远无法从人体中被彻底清除，而且人一旦出力劳动就又会染病。留下来的人要么不做重体力活，不然疟疾又会发作；要么费力劳动，最终有一天染上疟疾。无论哪种方式，农业生产力都会下降。

那些离开土地逃进城市的难民依靠政府提供给城市穷人的粮

食援助过活——也就是那句知名的“面包和马戏”[1]。随着尤利乌斯·恺撒等人推出农地改革政策，把土地分给没有农耕经验的退伍士兵，这个问题进一步恶化了。到第一批皇帝出现的年代，意大利的粮食已经不能自给了，罗马则早就开始依靠肥沃的尼罗河流域的粮食进口，这又解释了为什么控制埃及和北非对罗马人来说是如此重要的一件事。当然，人口密集的尼罗河流域也是疾病传播的渠道，让源自撒哈拉以南非洲的疾病找到了进入罗马帝国的通路。

未开化的人类与未识别的疾病

城市穷人数量激增和人口过密给流行病传播创造了机会。这种情况没过多久就发生了。在公元后的第一个500年里，罗马帝国暴发过几次疾病流行。今天的人们并不确定这些到底是什么疾病，唯一能确定的是“查士丁尼瘟疫”（发生在541年），它应该就是腺鼠疫。接连出现的流行病逐渐耗空了组织军团和发展经济所需要的人力。最终，帝国到了人丁稀少、无以自保的地步。

为什么古代流行病的身份如此难以确定？一个问题是古代的作家通常更在意瘟疫的影响及其宗教含义，而不是准确的科学诊

1. 面包和马戏，出自罗马诗人尤维纳利斯的讽刺诗集，指政府为求民众的支持而提供短时利益的做法，也指民众只在乎温饱（面包）和娱乐（马戏），而忽视更广泛权利的现象。——译者注

断。另一个不太明显的问题是，许多疾病会随时间而改变，甚至灭绝，正如第 3 章已经讨论过的那样。这样一来，即便是描述很相近，今天的我们也很难辨认古代的瘟疫。尽管如此，历史学家通常还是觉得有义务给流行病命名，而且几乎总是把它们划为有名的现代疾病。

举个例子，第一场较为重大的流行病袭击罗马帝国，时间是在 79 年，也就是维苏威火山爆发后不久。流行基本被控制在意大利境内。如今人们对它的猜测包括严重的疟疾或炭疽。其实这些猜测都不太合理。近来有真实的证据面世，在因火山爆发而遭活埋的人的尸体上，人们发现了布鲁氏菌病的症状。此外，我们知道罗马人会食用山羊奶和绵羊奶，但是他们不消毒，也没有条件消毒。即便是今天，在绵羊和山羊体内，还有它们的奶和奶制品中，人们还能找到布鲁氏菌属的各种菌株，有些在人体中毒力很强。

之后是 125 年的“奥罗修斯瘟疫”。这场瘟疫始于北非蝗灾导致的饥荒。瘟疫本身也源自北非，然后传播至意大利。它具体是什么疾病现在也不能确定。它导致了大量村子被扫荡一空并被废弃，有时候连城镇也不能幸免。

164 年发源于中东的瘟疫被称为“安东尼瘟疫”，安东尼是瘟疫暴发时在位的罗马皇帝的名字。它也被称为“盖伦瘟疫”，盖伦是古罗马的一位医师。166 年，叙利亚士兵把这种疾病带回了罗马。当时死去的患者极多，尸首要用小车搬出城。这场瘟疫横扫了罗马全境，直到 180 年，它发动最后一击，干掉了皇帝马可·奥勒留。短暂休憩后，瘟疫又在189年卷土重来。这是罗马历史上头一次出现防线因为疾病流行而出现缺口的状况。此前，帝国的扩张从未停歇，而且帝国总能守住边疆。161年，一群日耳曼蛮族，马科曼尼人，从波希米亚（今捷克共和国境内）出发，从东北方向攻击了意大利。流行病带来的干扰让罗马人在169年前无力反击。关于这场冲突的报告显示，阵亡的马科曼尼人多数是死于罗马军团传播的疾病。

罗马时代最著名的医师盖伦在这场瘟疫中逃出了罗马，他对症状的描述保留了下来。高烧、口腔发炎、腹泻，之后是皮肤出现斑疹——只不过很多人熬不到这一阶段。有未证实的理论认为，这是西方遭遇的第一场天花，但这不太可能。这条假设认为，是蒙古暴发的天花疫情迫使匈人进犯，匈人传染了众多日耳曼部族，并把他们赶出了家园，日耳曼人又传染了罗马人。然而，马科曼尼人明显是从罗马人那里染上了瘟疫的，而不是反过来。此外，如果匈人和日耳曼人真是先遭殃的，那么他们很难向周边地区施加如此之大的军事压力。还有，这场疾病流行的过程与后来更有名的欧洲天花流行不同。

再下一场大瘟疫就是250年的“居普良之疫”。居普良（Cyprian）是北非迦太基的主教。他记载的症状包括严重腹泻、呕吐、发烧、咽喉溃疡以及四肢出现坏疽。他没提到有没有疹子或斑疹，我们至今也不知道那到底是什么疾病。这是一场真正的“大流行”，从北非扩散到了全世界，持续了差不多16年。它传播得很快，既可以通过人与人接触传播，也能通过衣物或病患的个人用品传播。它的毒力比先前有记录的疾病都要强，杀掉了大半感染的人。瘟疫带来了恐慌，难民纷纷逃离家园，他们扩散了瘟疫。意大利大片田地荒芜，帝国因为人力的损失而更加羸弱。到275年，帝国的边境回撤到莱茵河与多瑙河一线，放弃了特兰西瓦尼亚和黑森林地区。皇帝奥勒良采取了史无前例的措施，开始加固罗马的防御。

在接下来的几个世纪中，罗马帝国受到了流行病（可能和之前的是同一种疾病）的沉重打击。蛮族攻击此起彼伏，尤其是来自哥特人和汪达尔人的进攻。瘟疫、饥荒、战争组成的下降螺旋导致帝国西部衰退并最终崩溃。因为文明分崩离析，准确的记录也变得稀少。这场崩溃花费的时间可能要比人们预计的更长，因为罗马人会把疾病传染给进犯的蛮族，后者的部落也因为瘟疫而被削弱了。447年，阿提拉率领的匈人逼近拜占庭，也就是东罗马帝国的都城，却赶上军中暴发“肠胃病”（或许是某种痢疾）。匈人军队没有被摧毁，但放弃了作战行动。452年，阿提拉接近罗马，又遭遇了同样的事情，可能是同样的疾病中止了匈人的行动。

即便是在罗马人被打败之后，有些疾病对蛮族还是不依不饶。例如占领了罗马北非领土的汪达尔人在480年遭遇瘟疫，疫情十分惨烈，以至于这帮占领者被一个阿拉伯游牧民族摩尔人赶了出去。539年，当哥特人和拜占庭人正在争抢意大利的控制权时，法兰克人趁机而入，想浑水摸鱼。按照拜占庭编年史作家普罗柯比的说法，意大利人用秘密武器大败法兰克人——他们的秘密武器就是痢疾和腹泻。

对于喜欢经济理论的读者，此处还要多提一下。164 年和 250 年的两场大瘟疫导致了罗马财政体系的崩溃。正如经常发生的那样，在流行病中受害最重的都是穷人。相比上层阶级，农民与劳工的在人口中的比例下降了。庞大的死亡人数侵蚀了税基。为了维持道路、灌溉设施等公共工程的开支，以及军费，税率被提高了。这让幸存下来的下层阶级越发贫困，从而导致了营养不良和更糟的住房条件，让传染病有了可乘之机。过度征税、传染病流行、人口不足的下降螺旋由此登上了历史舞台。

腺鼠疫出现

在东部，罗马帝国演变为拜占庭帝国，以拜占庭（君士坦丁堡）为中心。拜占庭人幻想着要夺回西部的领土，尤其是罗马。查士丁尼一世（527—565 年在位）是离这个目标最近的人。在战胜周边的邻居之后，他在 532 年向西进军。他重新占领了北非、西西里岛、意大利，甚至还有西班牙的部分地区。如果敌人只有人类，那么查士丁尼或许可以成功。可就在他准备入侵高卢的时候，一个新的死敌出现了：腺鼠疫。

模糊的记载显示，可能从公元前 1000 年或更早的年代起，腺鼠疫就感染了埃及人、非利士人和其他地中海东部的民族。“查士丁尼瘟疫”是历史上首次有足够细节记载的腺鼠疫流行，足以让现在的我们确认它的身份。对拜占庭的医师来说，这是一种可怕的新型疾病。急于了解病因的他们解剖了部分死者的尸体，发现了硬化的淋巴结残余，并将其命名为“anthraka”。我们现在所说的无烟煤（anthracite）和这个词的词根相同，这提醒我们腺鼠疫之所以被称为“黑死病”，是因为皮肤上的肿块会变成黑色硬块。

由于淋巴结肿大，患者的腹股沟和腋下部位会出现黑色肿块，随后患者会发烧。死亡通常发生在患病第五天，可能早一点，也可能晚一点。普罗柯比，这位查士丁尼的史官，准确地记录下了腺鼠疫不是直接传染的，而且是暴发于沿海地区。今天我们知道，腺鼠疫由跳蚤携带，而跳蚤来自老鼠。老鼠搭船从一个国家跑到另一个国家，所以腺鼠疫也就从港口开始传到内陆。因为腺鼠疫需要跳蚤咬人才能传播，所以那些生活环境中有跳蚤的人比直接接触病患的人更易患病。

查士丁尼瘟疫始于540年的埃及，先传播到中东，然后传到了人类已知世界的其他地区。它在542年袭击了拜占庭。腺鼠疫的死亡率具有起初低，然后突然增高的特点。拜占庭的情况如出一辙，当地居民的死亡速度达到了挖坟都来不及埋的程度。城堡的尖塔中填满了尸体，无人处理，任其腐烂。船只载满尸体，直接将其扔进大海。这场鼠疫一直持续到590年前后。许多村镇人口严重下降。摩尔人重夺北非，哥特人再度占领意大利，波斯人洗劫了安条克，匈人差点攻下拜占庭。查士丁尼瘟疫导致的人口损失花费了200年左右的时间才恢复。在这段时期，伊斯兰帝国建立了起来。拜占庭人和阿拉伯人在6世纪20年代末第一次交手，这时候先知穆罕默德还在世。632年穆罕默德死后，战争一直持续到718年，那时，伊斯兰帝国已经将拜占庭势力从中东、北非以及塞浦路斯赶了出去。拜占庭人相信，这是对基督徒罪孽的神罚。

和游牧民族相比，帝国有一个严重的劣势。帝国的居民都密集地生活在城镇中。此外，下水道与污水管为老鼠提供了在所有大城镇散播疾病的绝佳渠道。虽然蛮族集结的军队易受传染病侵袭，但他们的人口散布在乡村地区。此外，许多蛮族过着游牧生活，频繁迁徙，居住在大车或帐篷里。这里发生鼠害的概率就远小于固定不动的城镇。所以，当帝国再也招募不到士兵时，蛮族仍然有充足的后备力量。

到查士丁尼去世时，罗马差不多变成了疟疾肆虐的沼泽地中的一座鬼城。黑暗已然降临。直到19世纪，市政工程提供的卫生条件才能和罗马帝国时期的相媲美。即便在帝国从许多边远的行省撤军后，瘟疫的严重影响依然在持续。帝国撤兵后，罗马式的文化又在不列颠岛延续了100多年。始于5世纪中叶、持续暴发了100多年的腺鼠疫，是罗马文化以及其他短命的后继文化崩坏的重要因素。

5

病菌和饮食

Germs and food

进食有害健康

吸烟、饮酒、进食、赌博、滑雪、游泳、慢跑、坐着不动、玩电脑游戏、看电视、做爱、吸毒，这些都可能损害我们的健康。不过在这些活动中，我们平时被灌输要小心的只是其中那些说起来不体面的事。反吸烟游说团体的说辞很吸引眼球，但在工业化国家里，大多数死亡都与身体超重有关，原因是吃得太多，锻炼太少。在这里，我们主要谈的不是暴饮暴食，而是食品供应的安全性，尤其是微生物对食品和水的污染。

被污染的肉类，特别是加工过的肉类，例如香肠和汉堡肉饼，是当今工业国家发生食物中毒的主要原因。食物中毒通常是由细菌引起的。虽然细菌可能会在食物中产生毒素，但更多情况下，食物中毒是因为细菌随食物一起被摄入人体，随后感染肠道导致的。

导致食物中毒的细菌中最有名的是沙门氏菌和大肠杆菌，但其他一些细菌，如李斯特菌，以及一些病毒也能导致食物中毒。目前已经发生过几起含O157:H7大肠杆菌菌株的冻肉大规模召回事件。1997年，内布拉斯加州哥伦布市关闭了哈得孙食品工厂，召回了2 500万磅[1]牛肉糜。这一纪录在2002年被打破，当时美国第二大家禽肉类生产商皮尔格林公司因李斯特菌污染而召回了2 740万磅火鸡和鸡肉产品。

近年来，食物中毒事件一直在增多，在美国尤其如此。据估算，美国每年有8 000万起食源性疾病病例，其中见诸报端的还不到1%。美国拥有3亿多人口，也就是说每年大约每四个人中就有一个人食物中毒。

加工的肉类可以通过辐射的方式来安全地消毒，这种做法在欧洲很普遍。但在美国，辐射消毒受到了排斥，因为美国人害怕辐射。在使用辐射方式进行消毒的国家中，食物中毒的发生要少得多。还有另一个因素导致了食物中毒事件的增加：食品加工行业日趋提高的集中程度。假设每千头牛中有一头携带了沙门氏菌，如果这头牛的肉被当地肉贩直接卖掉，那么只会有少数人患病。但如果这头牛是在一个集中型的屠宰场里与成千上万头牛一起被屠宰和加工的，它们的肉在一个大缸里被混合到一起，那么所有

1. 1磅≈0.45千克。——编者注

的肉都会被污染。2001 年美国超市对肉糜（鸡肉、火鸡肉、猪肉和牛肉）的调查显示，约 20% 的产品内含有沙门氏菌，这些沙门氏菌中有超过一半至少对三种抗生素有抗药性。

尽管目前被污染最多的仍然是肉类，但蔬菜和坚果被病菌污染的情况也越来越多，蔬菜或坚果被诺如病毒、沙门氏菌和大肠杆菌污染的事件已经发生过了。携带大肠杆菌的菠菜在 2006 年上了新闻头条，2008 年又出现了西红柿和辣椒被沙门氏菌污染的事件。在后一案例中，美国食品药品监督管理局（FDA）先是将圣保罗沙门氏菌在 30 个州的大暴发归咎于受污染的西红柿，后来又将罪责转移到赛拉诺辣椒（Serrano pepper）上，这让大众一头雾水。此次沙门氏菌暴发的源头一直没有被找到。2008—2009 年，沙门氏菌污染总共导致超过 200 万磅开心果被召回。

在美国，大约有 25% 的新鲜蔬菜被大肠杆菌污染。虽然大肠杆菌大多是无害的，但其自然生存环境是人类的肠道，它们的存在表明许多新鲜蔬菜都被人类粪便污染了。污染可能发生在采摘时或运输过程中，或者是因为灌溉过程中使用的水曾与人类排泄物有过接触，这种情况可能更常见。

食物中毒案例的增加导致美国农业部以及美国食品药品监督管理局呼吁出台更多的法律法规。在 20 世纪 90 年代初，政府派出的肉类检验员仍然用肉眼检查肉类，而且检查的卫生标准在不断降低。到了 90 年代中期，几名儿童的死亡触发了姗姗来迟的技术进步。现在，基于 DNA 筛查技术，人们可以快速准确地追踪造成污染的微生物。这使人们可以更快地进行干预，从食物或水的源头切断污染。再加上安全操作流程的改进，食物中毒事件得以大幅减少。1996—2004 年，除了沙门氏菌感染外，美国大多数食源性疾病的发病率都有所下降，最大降幅达到 40%。然而，自 2004 年后，情况就没有明显改善了，沙门氏菌感染还略有增加。每年仍有大约 5 000 名美国人死于食源性疾病。

居家卫生

女人和扫帚柄之间存在明显而且自然的密切联系。

——苏伦·霍伊（Suellen Hoy），《追逐尘埃》（*Chasing Dirt*）

卫生清洁的伟大时代大约始于 1850 年，一直持续到 1950 年。身处卫生清洁第一线的主要是妇女。自 20 世纪 50 年代以来，女性逐渐走出家门，外出寻找工作。家里的卫生标准于是不可避免地被放宽了。人们不常打扫房间，衣服也洗得不像以前那么频繁，即使打扫和清洗，往往也做得不够彻底。虽然快餐店暴发食物中毒的新闻不时占据媒体头条，但大多数食源性疾病实际上是发生在家中的，而且没有被报道。

在英国，严重程度足以被官方记录在案的沙门氏菌暴发事件每年约有 1 000 起。其中约 80%~90% 与家庭接触有关，每起只影响一到两个人。污染的主要来源是洗碗海绵和抹布，它们会将细菌传播到台面、盘子和手上。当物体表面处于干燥状态时，细菌在几小时内就会死亡，但在潮湿含水的环境中，它们可以存活几天甚至数周。

大约 25% 的美国人在切完生肉之后懒得清理砧板，当蔬菜或切片面包被放在同一块砧板上时，它们就可能染上细菌。几年前，家庭主妇们得知塑料的台面和砧板更安全，因为它们的表面比较光滑，所以比木头更容易被擦拭干净。没有人花心思去做实验验证情况是否真的如此，后来的事实证明情况恰好相反：木制砧板比塑料砧板更安全。首先，塑料在你看来可能是光滑的，但在显微镜下，它上面遍布微小的起伏，细菌可以轻松藏匿在那里；其次，许多木质砧板中含有不利于细菌滋生的酚类化合物；第三，当木质砧板晾干后，砧板表面的细菌往往会被吸进木材的孔隙中，这些细菌可能会存活下来，但它们也被困住了，无法再回到表面。

同类相食有害健康

如果你的名字出现在别人的菜单上，那么你毫无疑问大难临头了。但如果你自己是食人族呢？人肉应该是很有营养的，毕竟，人体内包含了所有人类需要的营养元素。如果被吃的人生前饮食不错、营养均衡的话，这话不假。即便如此，还是有一个问题：

与吃猪肉或羊肉相比，你更有可能因为吃人肉而感染上严重的传染病。同类相食即使是在其他动物中也比较少见，部分原因便在于此。和潜伏在其他物种中的疾病相比，食肉动物更容易被潜伏在同类身上的疾病感染。

在通过同类相食传播的疾病中，最引人注目的是库鲁病（Kuru）。这种病曾是新几内亚弗雷（Fore）部落的地方病，通过食用人的大脑传染。弗雷人不吃他们的敌人，但他们会在宗教仪式上吃自己已故亲人的肉。在祭祀活动前，妇女们“有幸”准备好死去亲人的大脑，并在祭祀活动中食用。因此，在库鲁病病人中，有 90% 是妇女以及给她们帮忙的幼童。库鲁病的发展非常缓慢，病人可能需要 10~20 年的时间才会表现出症状。病人首先会感到剧烈的头痛，随后会出现行走困难和神经退行性病变，并在一到两年内死亡。自同类相食活动在 1959 年停止以来，弗雷部落的新生人群中没有一个人再患上库鲁病。

大多数疾病都是由微生物引起的，这些微生物的基因存储在它们的 DNA 或 RNA 上。然而，库鲁病和一些与之相关的神经系统怪病却不是通过 DNA 或 RNA 传播的。在这些病中，引起传染的是一种被称作“朊病毒”的变异蛋白质，而这种蛋白质则是由病人的一个基因编码的。正常情况下，这个基因编码的这种蛋白质分布在神经细胞的表面，尤其是大脑中神经细胞的表面。史坦利·布鲁希纳（Stanley Prusiner）因发现朊病毒而获得 1997 年的诺贝尔奖，在这之前的 10 年间，他一直遭到人们的嘲笑，因为这些人不相信单一的蛋白质会导致传染。

朊蛋白的一个关键特点是它有两种不同的结构，这两种结构的差异只在于蛋白质折叠形式上的不同。正常折叠形式的朊蛋白偶尔会发生结构改变，转变为折叠异常并且有毒性的蛋白质。这种折叠异常通过某种方式会对神经细胞产生负面的影响，进而导致细胞死亡。当一个异常的朊蛋白进入一个健康的神经细胞后，它会与其他正常的朊蛋白结合，并刺激它们重新折叠成不正确的结构。在大多数朊蛋白转化成有害形式后，神经细胞就会死亡，邻近的细胞也随之死亡，从而在大脑中留下像瑞士奶酪那样的孔洞。朊病毒病被称为海绵状脑病，因为大脑会病变为海绵状。异常的朊蛋白在脑中的扩散最终会导致人死亡，不过病情发展的过程比较缓慢。

由于朊蛋白是由某个病人的基因编码的，它既可以引起自发性的疾病，也可以引发遗传性或传染性的疾病。大脑中某处的正常朊蛋白有可能会自发转变为异常形式的朊蛋白，不过这种可能性极低，大约每 100 万人中会发生 1 例。在遗传性朊病毒疾病中，朊蛋白基因的缺陷导致基因编码的是一种突变的朊蛋白，这种蛋白更容易转变为结构异常的朊蛋白。传染性朊病毒病则是人食用结构异常的朊蛋白所导致的。

朊病毒疾病极低的感染频率和症状出现前漫长的潜伏期给研究带来了难度，科学家对这类疾病的许多细节还知之甚少。

英国的“疯牛病”

人们在1738年发现了第一种朊病毒病：羊瘙痒病。感染这种病的羊行为怪异，会用身体剐蹭树或篱笆，从而导致羊毛和羊皮受损。当羊的尸体污染牧场后，瘙痒病就可能传播开来，不过其他羊不太容易被朊病毒感染，只有某些特定品种的羊才易感。

1985年，英国暴发了“疯牛病”，至今已造成至少15万头牛死亡。为了阻止其蔓延，更多的牛被扑杀。在1985年以前，这种疾病并不为人所知。疯牛病不是一种“天然”的疾病，因为牛不是食肉动物。然而，为了避免浪费，在牲畜饲养产业中，动物尸体（包括脑）会被碾碎然后添加到饲料中。由于牛饲料中添加了碾碎的羊的尸体，因此疯牛病的出现最初被归咎于羊瘙痒病。然而，自18世纪以来，食用羊肉并没有在英国人中引发明显的不良后果，这些羊中也包括患有瘙痒病的羊。此外，生活在同一片牧场上的其他家畜也没有感染瘙痒病。实验研究证实，羊身上的朊病毒并不会感染牛。

人们现在认为，在20世纪70年代末的英国，一个偶然发生的蛋白质错误折叠事件将一头牛大脑中的正常朊蛋白转变成了朊病毒。通过添加了动物尸体的饲料这一途径，这种牛朊病毒得以在牛群中传播开来，最终引发了一场流行病。新几内亚的库鲁病大概也是这样发生的。几代人以前，一个部落成员体内的朊蛋白自发地发生了错误折叠，使这种疾病通过同类相食的方式传播开来。

在过去的半个世纪里，在威斯康星州养殖的水貂中暴发了四场朊病毒病。养殖场通常用“躺牛”（downer cattle）作为水貂的食物。之所以被称为“躺牛”，是因为这些牛在农场中突然躺倒而死亡。根据相关法律，这些牛不能供人直接食用，因此被用作水貂的食物。假如这四次疫情都是由患牛海绵状脑病（“疯牛病”的正式名称）的牛引发的，根据这段时间内被用于喂养水貂的“躺牛”的总数，我们可以估算出，大约每 28 000 头牛中就有 1 头患有牛海绵状脑病。考虑到威斯康星州的奶牛总数，这意味着每 98 万头牛中就有一头患有自发性的“疯牛病”，这与人患自发性朊病毒病的比例一致。

如果所有动物的朊蛋白都以同样的速度发生错误折叠，为什么“疯牛病”没有在美国或其他循环利用动物尸体制作饲料的工业国家出现？一个主要的原因可能是，无论是人口密度还是家畜密度，英国都比美国大得多，这导致动物副产品得以被更高效地回收利用。另外，“疯牛病”在英国的暴发可能是由一种罕见的突变引起的，这导致这种新型的牛海绵状脑病具有很高的传染性和毒性。

为什么“疯牛病”发生在 20 世纪 80 年代？在这段时间里，英国的动物尸体加工行业发生了几次大的变化。一方面，行业内引进了一种使用较低温度的美国新工艺；另一方面，加工厂也不再使用溶剂萃取工艺。在此前的加工工艺中，溶剂被用来去除动物油脂。但在相关部门颁布针对易燃溶剂的新规定后，大多数加工厂并没有购入昂贵的新机器，而是直接不再使用溶剂萃取工艺。

20 世纪 80 年代，牛饲料中所添加的动物肉和骨头的比例从 1% 猛增到了 12%，导致这种现象的部分原因是进口鱼粉和豆粕成本的增加，而这又是英镑贬值的结果。

实验表明，新工艺中较低的温度不足以使朊病毒失去活性。另一方面，动物油脂对朊病毒具有保护作用。因此，在先前的加工工艺中，高温和去油脂这两方面的因素可能使加工出的产品更加安全。这样看来，“疯牛病”的流行也许是溶剂安全立法间接引发的，也可能只是因为饲料加工工艺中使用了更多的动物尸体。

政治反应

对卫生问题的政治反应可以分为两类，一类是基于意识形态的反应，另一类是超越党派的反应，后一类反应昭示着在面临这些问题时，领导人能够高姿态地超越不同党派间的界限。当一个新的社会问题，特别是一个新的健康问题出现时，政治机构的反应大致如下：

1. 这个问题不存在。

2. 这个问题极其罕见，而且数量已经在减少了，我们还有更重要的事要操心。

3. 这个问题被不负责任的社会活动家和知名记者严重夸大了。

4. 问题的确严重，但我们从一开始时就尽全力应对了。

无论是美国对艾滋病危机的反应，还是英国对疯牛病的反应，它们都经历了这些阶段。以英国政府对“疯牛病”的相关说法为例：

> 人们不需要担心英国或其他任何地方的“疯牛病”。
>
> ——约翰·格默（John Gummer），英国农业大臣，1990 年

> “疯牛病”的发病率在持续下降。
>
> ——安吉拉·布朗宁（Angela Browning），英国初级农业大臣，1995 年

1995 年，在回复一位女儿死于“疯牛病”的母亲时，英国首相约翰·梅杰写道：“有一点我需要澄清一下，人不会得‘疯牛病’。”这种蓄意的谎言在 1996 年 3 月 20 日终止了。这一天，卫生大臣斯蒂芬·多雷尔（Stephen Dorrell）在议会上承认，有人在食用牛肉后感染了“疯牛病”。到 1996 年 5 月，“疯牛病”已经影响了英国 3 万多个农场的 16 万头牛。

在“疯牛病”暴发后，英国不再允许将动物尸体加入饲料中循环利用，并扑杀了受感染的牛。虽然英国政府采取了保密行动，但此后其他许多国家都禁止进口英国牛肉。

“疯牛病”最近重新引起了人们的注意，因为在美国有几头牛被诊断出感染了这种病。因此，一些国家对进口的美国牛肉也设置了限制。

人类中的“疯牛病”

在被诱导发生结构上的改变时，朊蛋白会折叠成与引发疾病的朊病毒类似的结构。当异常的牛朊蛋白感染人后，发生了异常折叠的朊蛋白就会表现出“疯牛病”的病理特征。在患有自发性朊病毒病或库鲁病的人中，错误折叠的朊蛋白的具体形状则不同。这是因为进入人体的朊病毒会扮演一个模板的角色，人体内原本正常的朊蛋白会根据这个模板重新折叠成异常的结构，然后形成蛋白聚集。

根据人感染“疯牛病”的病史和年龄分布进行的计算表明，这种病的平均潜伏期约为 17 年，预计的病例总数为 200~300 例。这个数字比许多早期的或者过度情绪化的预测数要低得多，这反映了朊病毒跨物种传播时极低的传染性。

尽管“疯牛病”一度引发了过度的恐慌，但与细菌或病毒引起的普通食物中毒相比，“疯牛病”导致的死亡人数要少得多。大众对“疯牛病”的异常恐惧也许是因为这种疾病目前无法治愈。

真菌疾病和农村人口的死亡

总的来说，在引发疾病和改变历史这两个方面，真菌受到了不公平的对待。这主要有三个原因。首先，从脚癣到阴道酵母菌感染，真菌感染今天虽然有的会使人感到不适，有的会让人尴尬，但很少会导致人死亡；第二，当想到历史上发生的疾病时，人们往往会把注意力集中在一些大规模的流行病上，比如 14 世纪时让欧洲人口锐减的黑死病，或者是毁灭了阿兹特克人的天花，但对发展缓慢的疾病关注不多；第三，在现代社会，城乡之间的差别已经很小——大家都有电灯、抽水马桶和音乐播放器。此外，我们绝大多数的历史记录都来自城镇而非农村，这导致我们错误地认为，中世纪农民的死亡原因和城市居民的死亡原因相同。

在中世纪，鼠疫、天花等高致命性疾病常常在人口众多的城市中肆虐。当一场大规模的流行病暴发后，逃离城市的市民可能会把疫情传播到农村。尽管如此，在黑死病疫情最严重的时期，还是有一些偏僻而孤立的村庄成功躲过了疫情。总体而言，农村地区的疾病较少，这并不是因为农村的卫生条件更好，而主要是因为那里的人口不太密集。因此，在疫情期间，即便城市人口在减少，农村地区的人口也往往在增加。

虽然农村的生活比较健康，但我们不应该被田园诗的美丽描述所误导。虽然中世纪英格兰农村地区的死亡率明显低于城镇，但以现代标准来衡量，那里的死亡率仍然高得可怕，当时人的预期寿命大约只有 30 岁。一对典型的中世纪农民夫妇可能生育 12

个孩子，但只有三四个能存活下来，从而使农村人口得以增长。这些中世纪的农民在恶劣的卫生条件下过着艰苦的生活，他们的居住条件不好，也经常营养不良。与城里人不同的是，感染他们的主要病原体是家畜和农作物中的微生物。在这些微生物中，有很大一部分是真菌。

真菌疾病和谷物

小麦、大麦、黑麦和小米等谷物都非常容易感染由真菌引发的疾病。在这些真菌中，有的以单细胞的形式存在，如酵母和锈菌，有的则以多细胞细丝的形式存在，如霉菌。大多数主要农作物的病害都是由真菌引起并通过空气或水中的孢子传播的。这些疾病包括霉病（mold）、霉菌病（mildew）、黑穗病（smut）、叶锈病（rust）、云纹病（scald）、斑点病（blotch）、枯病（blight），等等。尽管这些疾病在今天并不常见，但它们简短的英文名足以说明，在很长的时间里，一代又一代的普通人对这些疾病都非常熟悉。

在谷物收获和脱粒时，真菌的孢子会被抛撒到空中。当体力劳动者从事这些劳动时，他们会吸入孢子。我们很熟悉工业化时代矿工的尘肺病：煤尘被人吸入体内，严重刺激肺部并引发炎症。煤尘不会生长和分裂，但真菌的孢子会。如果一个人住在洁净、干燥、温暖的房子里，并且饮食合理、身体健康，那么吸入一些真菌的孢子，可能只会引发轻微的肺部不适。但如果你生活在寒冷潮湿的环境里，而且营养不良，那么真菌的孢子就会借机萌发。它们会长成真菌丝，深入人的肺部，破坏人体组织，利用人体内的营养物质来帮助自身生长。真菌感染一旦生根，就几乎没有机会将其根除。

尽管体表的真菌感染很少会带来严重的危险，但侵入性真菌感染往往是致命的，即使在今天也是如此。曲霉菌是一种常见的霉菌，偶尔会感染因其他疾病而变得非常虚弱的住院病人的身体组织。即使是使用现代的抗真菌药物，在内部组织被曲霉菌感染的患者中，有超过半数的人仍会在 3 个月内死亡。

在中世纪，农业歉收时有发生。在这种情况下，可供熬过寒冬的食物非常少，因此人们的身体会变得异常虚弱。再加上寒冷潮湿的天气和不佳的住宿条件，在肺部蛰伏的真菌孢子绝不会错失这一萌发生长的良机。因此，中世纪的大多数农业劳动者（也就是大多数成年人）可能最终都是死于肺部的真菌感染的。

在过去的几个世纪里，随着技术的进步，农业生产效率提高了，农业劳动者与含有孢子的谷物的接触也减少了。进步的农业技术还减少了农作物发生真菌感染的可能性，这不仅减少了作物损失，也降低了人的感染风险。正是因为这些进步，农场工作者能够活得更长并生产出更多的食物，从而养活更多的人。如今，已经很少有人死于真菌感染，真菌感染的威胁几乎已经被大家遗忘了。

真菌引起的宗教狂热

奇怪的是，一些能感染农作物的真菌还影响了中世纪的宗教行为。这并不是因为大规模的死亡人数动摇了人们对宗教的信仰，而是因为某些真菌对人的神经系统产生了直接的影响。麦角菌能够感染谷物，尤其是黑麦。这类真菌可以产生有毒的生物碱。高剂量摄入这些生物碱会导致人发疯或死亡，低剂量摄入则会导致幻觉和一些怪异的行为。

麦角生物碱是一种由许多麦角酸衍生物组成的复杂混合物。著名的迷幻药 LSD 就是一种半人工的麦角酸衍生物。在比较早的时期，一种麦角生物碱的未加工混合物曾被用于助产。但由于不同真菌提取物中生物碱的含量差异非常大，因此这种方法的效果不够稳定，所以现在已经不再使用。然而，有时人们仍使用麦角新碱来抑制产后出血。

当植物被麦角菌感染后，本应该形成谷物颗粒的地方会产生棕色或紫色的菌核。被麦角菌感染的黑麦常被制成面包，中世纪时曾多次发生相关的中毒事件，严重程度取决于谷物被污染的程度和麦角菌的种类。直到 5 世纪左右，黑麦才开始在东欧和俄国西部地区被大规模种植，并在随后传播到欧洲其他地方。到中世纪时，尽管人们并不清楚麦角中毒的原因，但中毒的症状已经尽人皆知。法国受到的影响尤其严重，因为黑麦是当地的主要作物，那里温和湿润的气候也有助于这种真菌传播。944 年，法国南部约有 4 万人死于麦角中毒。直到 14 世纪，在法国和德国的大部分地区，每5~10年就会暴发一次麦角中毒。

中毒主要有两种形式。最常见的一种被称为“神圣之火”（ignis sacer）或“圣安东尼之火”，因为患者的四肢会产生灼烧感。在严重的病例中，血管的收缩还会引发手臂和腿的坏疽症状，最终导致四肢缓慢坏死，过程令人痛苦。在中世纪，这通常是致命的。第二种形式会引发痉挛和一些怪异的行为。虽然第二种形式不太常见，但它对社会的影响可能更大。这种形式会导致舞蹈狂热症（dancing mania）。最早的舞蹈狂热症暴发于1374年的夏天，地点是现在德国的亚琛。在接下来的半个世纪里，亚琛还陆续暴发过多起舞蹈狂热症。

亚琛政府的应对方式是演奏音乐，因为当时的人们相信，音乐对精神错乱能产生舒缓和治疗作用。精神错乱的人会随着音乐跳舞。舞者有时会与宗教当局产生纠纷，在列日，甚至出现过舞者诅咒神父的事件。更常见的情况则是舞者产生各种各样的幻觉。这些幻觉以东正教的形式出现，比如看到天堂之门打开，基督和圣母马利亚荣登宝座。总的来说，这些幻象往往表现出的是对宗教信仰的印证。

麦角中毒也有可能是引起中世纪猎巫活动的部分原因。这些中毒事件发生得较为零星，程度也比较温和。有什么证据表明引起猎巫的不仅仅是迷信，还有麦角中毒呢？首先，大多数女巫审判发生在以黑麦为主要谷类作物的地区；第二，在黑麦歉收的年份，女巫审判的数量更多。当食物匮乏时，穷人不得不以质量低劣的粮食为食，即使这些粮食已经被真菌污染了也别无选择。在天气有利于麦角菌传播的年份，也就是比正常情况更冷、更潮湿的时候，审判也更加频繁。到19世纪，麦角中毒的暴发区域主要局限在俄国。其中一些疫情的死亡率高达40%。麦角中毒可能也是美国著名的塞勒姆女巫审判的诱因，波士顿地区的定居者们种植黑麦，而那里的条件有利于麦角菌的生长。

虽然中世纪的人们并不了解疾病的起因，但痛苦的经历使他们认识到瘟疫是会传染的。在遇到一些明显是随机发生的疾病，比如癫痫或麦角中毒引起的怪异行为时，他们倾向于用宗教来加以解释，比如病人是被邪灵附身或者是受到了女巫的诅咒。麦角中毒的病人通常被认为是巫术的受害者，而不是女巫本身。中毒常常被归咎到另一些可怜的人身上，比如某一位因为救助患者的效率较低而遭到质疑的医生。在大声嘲笑中世纪农民的轻信盲从之前，请记住，今天仍然有相当比例的美国人相信，小小的灰色外星人会定期乘飞碟造访地球。那么为什么没有确凿的证据呢？这些人会说，很明显，这是一个阴谋——不是撒旦主义者的阴谋，而是政府官员的阴谋！

在过去的几百年间，黑麦已经逐渐被小麦或大麦取代。今天，黑麦在人类种植的谷物中所占的比例相对较小，麦角中毒发生的频率也因此下降。这是否也是宗教信仰的影响力逐渐降低的部分原因？欧洲的西北地区气候较冷，比起黑麦，那里的人们更喜欢小麦和大麦，他们倾向于信奉风格较为朴素的新教，而信奉天主教和东正教的地区有较多的装饰性图样以及圣像，这仅仅是巧合吗？这样的文化问题很复杂，但生物学在其中起到的作用也许比以前人们所认为的要大。

真菌引起的灾难

在中世纪，真菌感染并不是偶尔以烈性传染病的形式出现，而是持续而稳定地致人死亡。与热带地区的疟疾一样，它们很少造成特定的大灾难，而是和它们所带来的死亡一样，持续存在于人们的日常生活中。尽管如此，真菌疾病有时也会造成历史性的灾难，但灾难是通过破坏农作物的方式造成的，而不是直接攻击人类。

最著名的例子是1845—1850年的爱尔兰马铃薯大饥荒。这场饥荒是由导致马铃薯晚疫病的致病疫霉（*Phytophthora infestans*）引起的。这场疫病于1845年出现在爱尔兰，杀死了当年约40%的马铃薯作物。第二年的情况更严重，几乎所有的马铃薯都死了。1845年，爱尔兰约有880万人，到1851年，人口减少了约30%。在失去的大约250万人中，大约有一半人死亡，另一半选择了离开爱尔兰。

在同一时期，马铃薯晚疫病也摧毁了北美和西欧的大部分马铃薯作物。这些地区的居民受到的影响较小，因为他们还种植了包括谷物在内的其他作物。在苏格兰和斯堪的纳维亚，冬日的寒冷杀死了真菌，马铃薯几乎没有受到任何影响。爱尔兰人受到的打击最大，因为他们几乎完全以马铃薯为食。

与其描述马铃薯晚疫病的历史，不如让我们把这场灾难与人类疾病联系起来看。在产生的影响方面，马铃薯晚疫病与在人类中流传的致命瘟疫有相似性。如果相同或相关个体的聚集密度较高，群体中就容易暴发大规模的感染并导致死亡。随着人类定居点中的人口密度越来越大，农作物的耕种密度也不断增大。更糟糕的是，由于几个世纪以来人们对作物的改良和选择，许多作物的基因已经几乎完全相同。这种所谓的“单种栽培”在新出现的流行病面前显得异常脆弱。

营养不良导致人类疾病

马铃薯晚疫病与人类流行病的另一个联系是，大部分马铃薯大饥荒的死者是死于疾病，而不是真正的饥饿。食物匮乏使人的身体变得虚弱，从而使人更容易被病菌感染。随着饥荒的持续，成群的饥民离开他们荒芜的田地，来到政府的济贫院。这里拥挤不堪，卫生条件已经不能用“不够卫生”来形容，而是非常肮脏。

两个主要杀手是斑疹伤寒和霍乱。斑疹伤寒是由虱子、蜱虫和跳蚤传播的疾病。当我们谈到拿破仑企图入侵俄国并最终遭到失败时（见下一章），我们会更详细地描述斑疹伤寒对他的大军带来的打击。引起霍乱和痢疾的细菌是通过被人类排泄物污染的水传播的。这些细菌会引起腹泻并借此进一步传播扩散。即使是在红十字会管理的现代难民营中，痢疾或霍乱疫情也经常发生。目前，非洲难民中约50%~60%的死亡是由这些疾病造成的。

咖啡还是茶?

茶是英国文化的象征，正如爱尔兰人与马铃薯关系密切一样。虽然从早期殖民时代开始茶就很重要，但直到19世纪中叶，英国人喝的咖啡仍比茶多。从喝咖啡到喝茶的转变可以主要归因于一种真菌——咖啡驼孢锈菌（*Hemileia vastatrix*）。与其他许多真菌不同，咖啡驼孢锈菌非常专一，只感染咖啡。这种真菌可以通过咖啡叶背面的橙黄色粉末状斑点来识别。

咖啡和它的真菌敌人都来自非洲北部地区，尤其是埃塞俄比亚。从那里，咖啡被带到了许多欧洲国家的殖民地。特别值得一提的是，在锡兰（今天的斯里兰卡），人们为了种植咖啡砍伐了大量森林。叶锈病很快也随之而来。1861年，一位英国探险家在肯尼亚首次发现了咖啡叶锈病。1867年，叶锈病侵入锡兰，并迅速蔓延到其他国家。咖啡是这些地区的主要经济作物，咖啡种植业遭到的破坏在接下来的10年里导致了经济问题。几个英国殖民地随即掉转方向，生产茶叶，英国人因此也就改喝茶了。19世纪，海外的英国士兵甚至通过在茶里加入一勺火药来治疗肠道疾病。

在接下来的100年里，咖啡叶锈病始终都局限于非洲和亚洲，并没有传播到南美洲。1970年，叶锈病首次出现在西半球的巴西，并在20年内蔓延到南美和加勒比海的其他地区。在当今世界，咖啡豆是贸易额第二大的国际商品，仅次于石油。叶锈病的传播也已经被杀真菌的药物控制下来。有趣的是，咖啡驼孢锈菌本身也是其他真菌寄生的受害者。这些真菌在咖啡驼孢锈菌上生长并摧毁其许多孢子，但这些“超级寄生生物”是否可以被用于生物防治还有待研究。

机会主义的病原真菌

如前文所述，真菌在当今的工业化国家中很少致人死亡，所以它们在传染病中的角色被忽视了。近年来，艾滋病患者染上包括真菌感染在内的多种机会性疾病的病例重新唤起了人们对真菌疾病的关注。机会性疾病是由对健康人无害的微生物引起的，但正如它们的名字显示的那样，当你身体状况欠佳时，它们会趁机感染人。这些微生物包括病毒、细菌、真菌以及一些原生动物。

真菌的孢子很少能穿透完整的皮肤或完好的肠道内壁。绝大多数真菌感染都是通过肺部侵入人体的。要穿透肺部的毛细支气管，孢子的直径必须小于 2 微米，更大的颗粒会被拦截，并被吞咽或咳出。各种各样的真菌都能引起类似的肺部感染，不过它们很少能在一个健康和营养充足的人身上立足。这些真菌通常以死亡和腐烂的有机物为生，因此它们很少具有在活人身上引发疾病的能力。如果它们碰巧落到有机物上，而这些有机物几乎没有生命的活力和自卫能力，它们才会开始生长。

朋友还是敌人?

真菌既不是我们的敌人，也不是我们的朋友。真菌为了生存去做它必须做的事。这有时与人类的既得利益相冲突，但有时真菌也会帮到我们，虽然它们不是故意为之。在人类抗击传染病的过程中，真菌一直是对我们最有帮助的盟友之一。这是因为真菌虽然有能力杀死马铃薯，也足以腐蚀一个营养不良的农民的肺，但它们杀死细菌的能力也不差。

真菌通过分泌被称为抗生素的化学物质来杀死细菌。最著名的抗生素是由霉菌产生的青霉素家族，其中的青霉素是由点青霉菌（*Penicillium notatum*）产生的，并因此得名。自从 20 世纪中期青霉素被发现以来，它已经拯救了数百万人的生命，这远远大于有害真菌导致的总死亡人数（既包括直接因真菌感染而死的人，也包括因作物减产和饥荒而死的人）。不幸的是，现在出现了一个日益严重的问题：许多致病病菌对抗生素产生了抗药性。

6

瘟疫和战争

Pestilence and warfare

谁杀死的人更多?

虽然人类以杀戮彼此的能力为傲，但大多数战争中的伤亡是由传染病造成的，而不是由敌方行动造成的，也不是因为伤口感染。在今天，中弹和刺伤很少致命，除非它们击中了重要的器官。然而，在抗菌剂和抗生素出现之前，伤口会感染，这往往会导致断肢或死亡。尽管如此，现代以前的大多数战争伤亡都是由传染病引起的，它会杀死那些在战斗中没有受伤的士兵，甚至是那些没有直接参战的士兵。直到 20 世纪，卫生状况才有所改善，还有一小部分原因，那就是更强大的武器使人类终于能比微生物杀死更多的人了。

第一次人类杀人数量超过疾病杀人数量的大型战争是 1904—1905 年的日俄战争。当然，就算是在这场战争中，这个结论也只适用于更重视清洁、更讲卫生的日本人。沙皇俄国死于疾病的人多于死于敌手的人，俄国人输掉了战争。人们对于第一次世界大战是否取得了进步仍有争议。在西线战斗的军队接种了疫苗，进行了消毒，其大部分伤亡都是敌军行动造成的；东线的情况则完全不同，传染病占据了上风。到第二次世界大战时，人类终于取得了一些进步，这时人类对人类生命的威胁终于超过了微生物对人类生命的威胁。

疾病通过军队传播

战争通常会伴随着传染病患者的激增，在军队内部和周边的平民中都是如此。现代读者可能认为，“久经考验的部队”指的是那些具有丰富战斗经验的人。其实不是这样的。历史上聪明的指挥官会把新兵集合起来，让他们在一个安全、补给充足的地方住几个月。在此期间，士兵们互相传染，变得“久经考验”。在较好的饮食和居住条件下生病，而不是在前线作战期间生病，会大大减少疾病造成的伤亡总数。我们在第 3 章中讨论了与疾病传播有关的原理。疾病通过战争传播时，有三个重要因素：拥挤、混合和流动性。

1. 一座古典时代的城邦发生大瘟疫（Michiel Sweerts，创作于 1652—1654 年，Public Domain）

2.《阿什杜德的瘟疫》(Nicolas Poussin, 1630, Public Domain)

3. 古希腊神话中的健康女神许癸厄亚（中）、古希腊著名医学家希波克拉底（右），以及古罗马著名医学家盖伦（左）（Ferdinand Georg Waldmüller, 1826, Public Domain）

4. 古希腊神话中的医神艾斯库累普的雕像，收藏于雅典国家考古博物馆（来自维基共享，拍摄者 Giovanni Dall'Orto 已放弃照片版权）

5. 艾斯库累普（左）和许癸厄亚（右）(Wellcome Library)

6. 西班牙塞戈维亚的古罗马高架渠（来自维基共享，拍摄者 Jebulon 已放弃照片版权）。这些高架渠为罗马帝国提供了干净的用水，使帝国免遭一些水源性传染病的侵袭

7. 罗马城发生瘟疫，死亡天使在叩门（Jules-Élie Delaunay, 1869, Public Domain）

8. 查士丁尼瘟疫期间，圣塞巴斯蒂安（上右）显灵，为饱受瘟疫困扰的挖墓人祈祷（Josse Lieferinxe，创作于 1497—1499 年，Public Domain）

9. 圣方济各和其他一些人在治疗麻风（一说为天花）病人（佚名，c.1474，Public Domain）

10. 瘟疫、战争和饥荒（Martin de Vos and Jan Sadeler，创作于 1600 年之前，Public Domain）

11. 1348 年，黑死病在佛罗伦萨暴发（Luigi Sabatelli, 1801, Public Domain）

12. 一幅反映黑死病历史和世界分布的水彩画（Wellcome Images）

Death
THERIACA

13.《死亡的胜利》
（Pieter Bruegel the Elder, c.1562, Public Domain）

14. 因麦角中毒而致残的人（Pieter Brueghel the Elder, 1568, Public Domain）

15. 麦角中毒导致的舞蹈狂热症（Pieter Brueghel the Elder and Hendrik Hondius, 1564/1642, Public Domain）

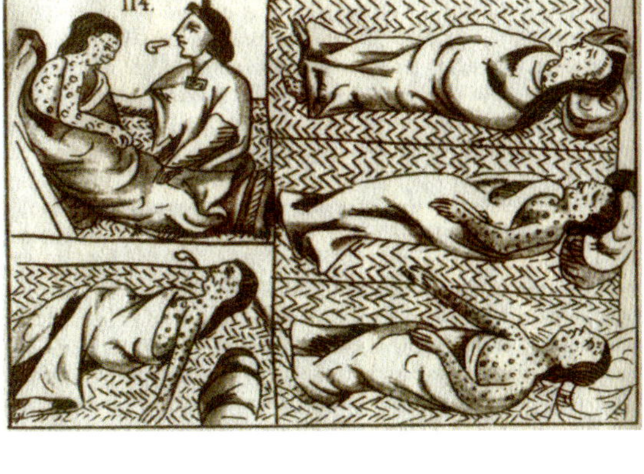

16. 16世纪阿兹特克的天花患者（佚名，创作于16世纪，Public Domain）

17.《提香的葬礼》(Alexandre Hesse, 1832, Public Domain)。1576 年，提香死于鼠疫肆虐中的威尼斯

18. 1630 年米兰大瘟疫期间，米兰市民指控统治者（Gallo Gallina, 1827, Public Domain）

19. 1665 年伦敦大瘟疫期间伦敦街道上一辆运送死者的马车（Edmund Evans, 1864, Public Domain）

20. 1720 年法国马赛鼠疫流行（Michel Serre, 1720, Public Domain）

21. 1799 年，拿破仑视察雅法鼠疫病院（Antoine-Jean Gros, 1804, Public Domain）

22. 爱德华·詹纳为一个男孩接种疫苗（E.-E. Hillemacher, 1884, Public Domain）

23. 一幅反对牛痘接种的漫画（James Gillray, 1802, Public Domain）

24. 1846 年，爱尔兰大饥荒期间，爱尔兰邓加文（Dungarvan）发生的一起食物暴动（*The Pictorial Times*, 1846, Public Domain）

25. 克里米亚战争期间，弗洛伦丝·南丁格尔接收战争伤员（Samuel Bellin and Jerry Barrett，1906年之前，Public Domain）

26. 弗洛伦丝·南丁格尔（Henrietta Rae，创作于 1881—1891 年，Public Domain）

27. 1893 年霍乱流行期间，英印政府的廓尔喀雇佣兵接种疫苗（Wellcome Library）

28.《疟疾》(Giulio Aristide Sartorio, 1883, Public Domain)

29.《梅毒》(Richard Tennant Cooper, 1912, Public Domain)

Le Petit Journal

ADMINISTRATION
61, RUE LAFAYETTE, 61
Les manuscrits ne sont pas rendus
On s'abonne sans frais
dans tous les bureaux de poste

5 CENT. SUPPLÉMENT ILLUSTRÉ 5 CENT.
23me Année — Numéro 1.150
DIMANCHE 1er DÉCEMBRE 1912

ABONNEMENTS

	SIX MOIS	UN AN
SEINE et SEINE-ET-OISE..	2 fr.	3 fr. 50
DÉPARTEMENTS..........	2 fr.	4 fr. »
ÉTRANGER	2 50	5 fr. »

LE CHOLÉRA

30.《 霍乱 》(*Le Petit Journal*, 1st December,1912, Public Domain)

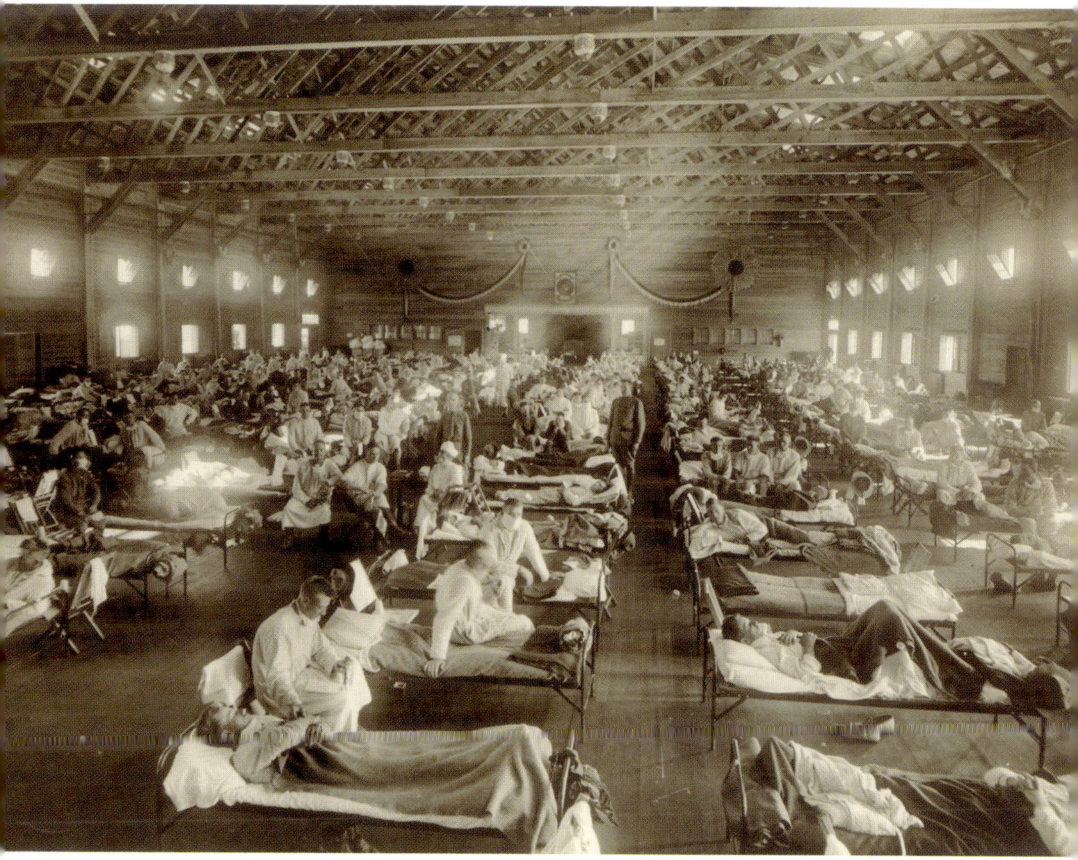

31. 1918 年大流感流行期间美国堪萨斯州一家接收流感病人的方舱医院（Otis Historical Archives, National Museum of Health and Medicine, 1918, Public Domain）

32. 1976 年军团病暴发地：美国费城的贝尔维尤-斯特拉福德酒店
（Jack E. Boucher, 1976, Public Domain）

·拥挤：军队是一大群人，他们吃饭、睡觉、做事时都保持着密切接触。这样的条件是疾病传播的理想条件。此外，卫生条件也很差。士兵们可能会挤满营地、营房或战壕。水手们可能会挤满军舰。专门运送士兵的运兵船状况更差，士兵们像沙丁鱼一样拥挤不堪。直到近年，卫生措施才被实施。在早期，军队无疑都是肮脏的，但队伍规模也较小，因此大家不太容易生病。随着时间的推移，军队人数的增多为传染病的传播提供了更好的条件。

·混合：当军队集结时，兵员从全国各地不同地点聚集过来。当他们混合在一起的时候，他们也会交换病菌。以前局限于一个地区或部分人口的疾病会变成大家共有的。在美国内战期间，大约三分之一北方军队的士兵还没离开他们的训练营就已经生病了，他们患上的主要是肠道疾病，包括伤寒。在第一次世界大战中，同样比例的应征入伍者因为体检不合格而被拒绝。尽管农村人口更健康一些，但来自农村的新兵比城镇里来的更容易被感染。城市人口在生命早期便接触过麻疹、腮腺炎、水痘、白喉、猩红热、结核病等疾病。许多农村人，特别是来自偏远地区的人，从未接触过这些疾病。因此，当这些人混合在一起时，来自农村的士兵更容易被感染。

·流动性：军队很少原地不动。不管他们是前进、后退，还是原地打转，传染病都与他们同行。陆军带着疾病翻山越岭，海军带着疾病漂洋过海。即使军队在原地不动，比如在包围战或堑壕战中，新招募的士兵也会被不断地拉到前线，而生病的士兵则会撤退至后方。俘虏将疾病从一支军队传播给另一支军队，逃兵将疾病带到任何他们可以避难的地方。传染病沿着军队移动的路线传播给平民。此外，战争常常使大批平民流离失所，他们或单独或集体地逃往安全的地方。蜱虫、螨虫、虱子和跳蚤寄生在人们身上，与他们一起奔波。战争造成的破坏也使老鼠搬家，与它们朝夕相伴的跳蚤也会一路同行。

还有一个因素尽管不那么普遍，但是仍然存在，那就是战争带来的混乱，特别是战败国的混乱。这常常导致粮食短缺和营养不良。农作物可能会被无意间踩坏，或被军方征收，甚至被故意毁坏。营养不良削弱了人们对传染病的抵抗力。人们无暇顾及卫生标准，尤其是溃退的军队中和平民难民里的卫生标准。混乱这个因素在现代战争中带来的影响可能比较大。因为在中世纪和中世纪之前，大多数人无论如何都是营养不良和不卫生的。

围攻与被围攻，哪个更好？

不可否认，在疾病领域，主动进攻的一方比被动防守的一方更占优势。在围城战中，防守方要和众多肮脏的人、马、狗、老鼠、虱子和跳蚤一起待在围墙里，这通常比去进攻更糟糕。如果防守方想要牛奶或新鲜肉类，他们就必须把他们的牲畜（连同牲畜身上的疾病）一起留在城内。防守方也无法清除人类或动物的粪便，除非他们愿意花力气将其拖到城墙顶上，并抛向敌人。污水和垃圾到处都是。尸体不能被及时掩埋。老鼠在垃圾堆中寻找食物。淡水不仅稀少，而且时常受到污染。

虽然进攻方看起来胜券在握，但防守方的失败也不是板上钉钉的。如果一个人口密集的大都市被来自农村地区的士兵包围，前面提到的城市与农村士兵面对疾病时的不同结果可能会在这时发挥作用。城里人拥有已建立起来的对疾病的抵抗力，而农村人则因为此前缺乏接触疾病的机会而缺乏抵抗力。来自城市的少数俘虏、逃兵或是使者，就足以在围城的军队中传播毁灭性的传染病。

埃塞俄比亚人围攻麦加和亚述人围攻耶路撒冷（公元前701年）都是攻城者遭遇瘟疫袭击从而导致围城失败的例子。穆罕默德出生于公元570年，那时伊斯兰教还没有建立。尽管如此，麦加已经是阿拉伯人的圣城，而埃塞俄比亚的基督徒则希望摧毁阿拉伯人的圣地克尔白。然而一种流行病，可能是天花，打败了这些基督徒。他们骑着一头白象的领袖亚伯拉罕也因此而死。在《古兰经》中，我们读到的是：

> 难道你不知道你的主怎样处治象的主人们吗？难道他没有使他们的计谋，变成无益的吗？他曾派遣成群的鸟去伤他们，以黏土石射击他们，使他们变成吃剩的干草一样。
>
> ——《古兰经·象》

公元 7 世纪和 8 世纪伊斯兰教的扩张将天花传播到了整个地中海地区。也许我们可以说天花为伊斯兰教的扩张扫清了道路，就像它后来为欧洲殖民者在美洲扫清道路一样。伊斯兰势力从北非出发，于 718 年征服西班牙，并于 732 年进入法国。那时，欧洲已经从查士丁尼时代的腺鼠疫造成的大量人口死亡中逐渐恢复过来，开始适应天花。阿拉伯人没能占领法国，但控制了西班牙的大部分地区，直到 14 世纪中期黑死病大流行再次发生。（即使在那个时候，摩尔人也控制着格拉纳达，一直控制到 1492 年，也就是哥伦布起程去美洲的那一年。）

有时疾病不站在任何一边，它会同时攻击进攻方和防守方。导致黑死病进入欧洲的卡法之围就是一个极佳的例子。瘟疫从围城的鞑靼军队蔓延到了被围困的意大利人身上，这表明流行病极有可能从一支军队传播给另一支军队。

疾病促进帝国扩张

> 上帝总是站在大的队伍一边，欺负小的。
>
> ——罗歇·德·比西-拉比丹（Roger de Bussy-Rabutin，1618—1693）

正如前文所述，文明社会往往会发展出对流行病的抵抗力，而这种抵抗力随后就成了一种防护盾。密集的人口已经适应了传染病。人口越密集，这种抵抗力就越强。只要人们在传染病最初的攻击中幸存下来，大家就会逐渐对它们产生抵抗力。当已经适应疾病的人群与其他文明接触时，传染病也会被传播。结果取决于接受者之前与这些传染病有过多少接触。如果接受者人口稀疏且之前没有类似接触，他们将会被摧毁。最引人注目的例子是欧洲疾病导致的新大陆人口减少。然而，在所有主要文明的传播过程中，可能都出现过类似的小规模群体的死亡。

早期人类的小部落驯养狗，用来防备食肉动物的侵袭并帮助人打猎。我们也可以理解为更大规模的社会驯养了疾病。在一个密集的人口中心已经适应了一种特定的传染病后，这种被驯化的疾病能够帮该人口中心防范外来的入侵者，并在那里的人外出征伐时起到辅助作用。当一个人口稠密的城市形成时，它将比邻近的小村庄更有优势。传染病会从大城市蔓延开来，摧毁周边的小地方。占领这些小地方只需要较少的军事行动。侵略者将占领新的领土。如果被占领土上留下来的原住民太少，无法重新获得独立，那么他们将被同化，并最终成为这个日益壮大的帝国的臣民。这时这个循环就可以重复发生了。帝国的核心形成后，它会像滚雪球那样发展下去。

罗马帝国的发展大致就是这样的。它先是吞并了邻近的村庄，然后是小城镇，再后来是意大利的其他城市，以此类推。罗马人很明智地将公民身份赋予了那些被同化的人，这给生物学帮了大忙。最终，不断扩张的罗马帝国接触到了其他主要的地中海文明，以及来自那里的疾病。尽管城市疾病的光环仍然为抵御蛮族入侵提供着有力的保护，但它对来自其他大型城邦（如希腊或迦太基）的人来说几乎没有作用。从那时起，疾病不再站在罗马人的一边。最终，罗马的扩张导致自身接触到一系列在亚洲的密集人口中进化而来的新疾病。结果对于罗马人来说是灾难性的。几次重大但未被确认的流行病，以及随后发生的黑死病，使罗马帝国人口大幅减少。毫无疑问，作为交换，罗马人把欧洲和北非的疾病全部带到了亚洲。这种相互传染似乎不仅导致了罗马人口的减少，也导致了中国汉朝人口的减少。

原生动物保护着非洲

疾病为低人口密度地区作战的最重要案例发生在非洲。作为人类的起源地，非洲保留了许多古老的热带疾病。当阿拉伯和欧洲的入侵者到来时，疟疾、昏睡病和黄热病共同保护了撒哈拉沙漠以南的非洲地区。非洲原住民已经具备了对许多热带疾病的抵抗力——至少是一部分抵抗能力，尽管他们仍然重病缠身，但外来者要比他们更容易患病。

直到现在，热带疾病还使其他一些热带地区在一定程度上与世隔绝。热带疾病有什么特别之处？疟疾、昏睡病、黄热病和一些不太为人所知的热带传染病都必须由昆虫传播，而这些昆虫不能在寒冷的地方生存。相反，天花、麻疹和流感等疾病则是直接在人与人之间传播。因此，它们并不局限于特定的气候带。最终，所有接触到这些空气传播的流行病的人群都会产生抵抗力。

昆虫传播的热带病不能在疾病自己的地理热区外传播。人要想适应疟疾或黄热病，唯一的办法是移居到热带地区，和传播这些传染病的昆虫住在一起。例如，如果黄热病能从非洲传播到欧洲和中东，那么这些较冷地区的居民会在几代人的时间里建立起抵抗力。当他们进入非洲时，他们会因为之前的接触而不会染病。

当然，非洲热带疾病已经传播开来，但只传播到了美洲和亚洲的热带地区。这类传播开来的非洲疾病继续作为一种生物场（biological force field），保护着它们的携带者。1801 年，为了应对法国殖民地海地的黑奴起义，拿破仑派去了经验丰富的法国军队，在其他条件相同的情况下，他们本可以轻易镇压起义的奴隶。与奴隶一起从非洲输入的黄热病帮奴隶赢得了这场战争，这种病消灭了近 3 万名法国士兵。奴隶大多对黄热病有抵抗力，因为他们的非洲祖先在数代人以前就已经适应了这种病。后来拿破仑的军队撤退，海地从此独立。

欧洲最终凭借先进的军事技术和医疗技术征服了非洲。然而，欧洲人始终没有在生物学上适应热带非洲的疾病，只能不断服用抗疟药物和采用搭蚊帐等预防措施来保护身体健康。此外，事实证明欧洲人对非洲的征服是短暂的，除了在气候温和的地区（例如南非），欧洲人几乎没有长期的定居点。欧洲人无法在热带“自然”地生活，这加速了帝国主义的撤退。

越大越好吗?

波斯人几次试图入侵希腊。大流士在公元前 490 年的马拉松战役中战败 10 年后，他的儿子薛西斯重返希腊。薛西斯当时率领着古代世界前所未有的庞大军队，据说有 80 万人，尽管我们很难相信这个数字没有被夸大。其中 30 万人很快死于疾病。这种疾病的是什么，我们尚不清楚。人们曾猜测是腺鼠疫或痢疾。腺鼠疫通常发生在定居社会里，而不是在行进的部队中。痢疾似乎更有可能，尽管它主要会导致人群的体质变虚弱，而不是大规模的死亡。无论如何，雅典人在公元前 480 年的萨拉米斯海战中歼灭了薛西斯的海军——他们的规模过于庞大，组织非常糟糕。薛西斯停止了这场损失惨重的战争，返回了波斯。

虽然有薛西斯的前车之鉴，但是仍有很多野心家想通过集结大量不卫生、营养不良、缺乏训练的士兵来赢得战争。中世纪的十字军东征（1096 年到 13 世纪早期）也是一个例子。煽动宗教仇恨的教皇乌尔班二世发动了十字军东征，说是为了将圣地从穆斯林手中拯救出来，但他的真正目的更可能是想把人们的注意力从教权领导下的欧洲的腐败无能上转移开。东征的“精彩”部分包括在 1098 年安条克之围时十字军因瘟疫损失了 5 000 匹马（一共只有 7 000 匹）。没有战马，全副武装的十字军骑士们束手无策。法国国王路易七世率领 1.5 万人参加了第二次十字军东征，最终只有寥寥数千人返回。英国“狮心王理查”（1189—1199 年在位）领导了第三次十字军东征，但最终没能占领耶路撒冷，还让他的国家陷入了破产的泥沼。他庞大的军队因营养不良和传染病而所剩无几。微生物肯定是站在清洁工作做得更好的穆斯林一边的，他们的军队规模也更小，训练也更加有素。

疾病与敌方行动

19 世纪以前的大量粗略估算显示，传染病导致的士兵死亡人数远远超过死于敌军行动的人数。19 世纪开始有了更详细的记录。在克里米亚战争（1853—1856）中，在战场上死于俄国人之手的英国士兵总数仅为死于痢疾和斑疹伤寒的英国士兵总数的十分之一。他们记录了准确的死亡数字，这说明军队终于开始担心疾病造成的人力损失了。克里米亚战争的惨状促使弗洛伦丝·南丁格尔推动卫生改革，改革不仅针对军队，也针对英国肮脏的城市。

到第二次布尔战争（1899—1902）时，即英国人与荷兰殖民者后代争夺南非控制权的时候，死于疾病的人数与死于敌方行动的人数的比例已降至 5∶1。转折点是日俄战争，在这场战争中，日军死于疾病的人数仅为死于敌方行动的人数的四分之一。在接下来的 10 年里，世界上其他先进国家纷纷模仿日本人的做法：新兵入伍后便做清洁，然后接种伤寒、破伤风、天花等传染病的疫苗。

在第一次世界大战中，大多数军队基本上已远离疾病。主要的例外是塞尔维亚人和俄国人，他们的部队落后且缺乏纪律，因斑疹伤寒而遭受了巨大的损失。在第一次世界大战的其他西方参战国中，唯一显著的流行病是梅毒，与之前战争中疾病所造成的损失相比，梅毒的损害微不足道。性病是一个特殊的例子，因为它是通过尴尬和隐秘的途径来传播的。（死于1918—1919年的西班牙流感的人数超过了第一次世界大战期间军事行动所造成的死亡人数，但这是一场蔓延至全球的流行病，平民和军队都是受害者，而不是一个明确的军事问题。）到第二次世界大战时，抗生素和杀虫剂出现了。士兵和水手——有时也包括在战区或难民营的平民——经历了服药、消毒、清洁和除虱等流程。在现代，传染病杀死的士兵数目少于军事行动杀死的。

自从第二次世界大战以来，传染病对工业国家军事行动的主要影响是间接造成的。提供费用更高的医疗保健，预防每一种可以想到的疾病，这些使军费大增。其结果是，发达国家插手第三世界——特别是卫生状况较差地区——事务的意愿下降。由于健康标准不断提高，工业国家的公民已经开始期待活到70岁。被征召奔赴越南的美军士兵不愿意为了一个难以信服的目的而冒减寿到50~60岁的风险。

针对战士的温带地区病菌——斑疹伤寒

究竟是什么疾病导致了薛西斯大军和十字军战士的死亡，至今仍是个谜。随着我们进入现代社会，那些曾经使军队覆灭的疾病的身份开始浮出历史的迷雾。在14世纪和15世纪，黑死病杀死了大量士兵和平民。

从1494年到16世纪早期，梅毒在军队中造成了重大伤亡，但很快出现了一个更严重的问题——斑疹伤寒。1494年，由于梅毒的暴发，法国人被迫撤出那不勒斯。1528年，他们仍在与西班牙人争夺对意大利的控制权，并且不得不再次撤出那不勒斯。这一次，他们因为斑疹伤寒而损失了3万人。从16世纪开始，斑疹伤寒成为战争舞台上来自微生物界的主角。

请注意，斑疹伤寒和伤寒是截然不同的。从历史上看，它们曾被混淆，因为两者都会引起发烧和皮疹。一个糟糕的结果是，这两种疾病使用的名称是同一个词的变体。然而，斑疹伤寒是由一种叫立克次氏体的细菌引起的，这种细菌只能在动物细胞内生长。伤寒则是由可在实验室环境中生长的有毒沙门氏菌引起的。斑疹伤寒是通过虱子或蜱虫传播的，而伤寒则是通过被人类排泄物污染的水或食物传播的。

斑疹伤寒喜欢较冷的气候，因为传播它的虱子在厚实、肮脏的衣服上可以旺盛地繁衍，尤其是在皮料或毛料上。今天，我们很难想象过去的人们，即使是上层阶级，他们的身上有多少虱子、有多么肮脏。1170年12月，大主教托马斯·贝克特遇刺身亡，他的遗体停放在坎特伯雷大教堂，人们为他守夜，等待第二天安葬。他穿着“一件棕色的大斗篷，斗篷下面，是一件白色的法衣，法衣下面有一件羊毛大衣，然后是另一件羊毛大衣，下面还有第三件羊毛大衣，再下面，是本笃会的黑袍子，袍子下面还有一件衬衫，此外，尸体旁边还放着一件奇怪的覆盖着亚麻布的发带”。随着尸体变冷，藏在层层衣服之中的小虫开始向外爬。“他身上的虫子像烧开的水从锅里溢出一样，让围观的人哭笑不得。”

1542 年，神圣罗马帝国的 3 万名士兵在与奥斯曼人作战时死于斑疹伤寒。1566 年，马克西米利安二世在与奥斯曼帝国的苏莱曼一世争战时因斑疹伤寒损失了大部分士兵，所以放弃了征伐。接下来的几个世纪里，在各种各样的欧洲战争中，不断有人感染斑疹伤寒。

斑疹伤寒也被传播到了船上，在相互竞争的欧洲列强的水手中造成了持续的、大规模的死亡。当与长途航海时的营养不良和维生素缺乏这两个因素相结合时，斑疹伤寒往往是致命的。英国海军在给水手们发放干净制服之前，会先把水手们的衣服脱光，把他们的身体擦干净、刮干净。他们还提供酸橙汁来预防坏血病（维生素 C 缺乏病）。结果，英国人损失的水手数量比他们的敌人要少得多，与法国人和西班牙人对比时尤其如此。

最著名的斑疹伤寒暴发是俄国打败拿破仑大军的那一次。我们都知道拿破仑在海地的惨败，但这不是他第一次因疾病而折戟。1798 年，拿破仑入侵并短暂占领了埃及。他手下超过 40% 的人死亡，其中大部分死于腺鼠疫。拿破仑军队的实力变弱，英国人轻而易举地把他们赶出了埃及。然而，拿破仑在细菌学领域遇到的最大灾难发生在 1812 年他试图征服俄国的时候。法国大军一开始有45万人，到了10月，只剩下大约8万人还能参加战斗，拿破仑开始从莫斯科撤退。最终只有约6 000人回到了法国。当然，寒冷、营养不良和俄国人的进攻都是导致拿破仑失败的因素，尽管如此，他的大多数士兵还是死于斑疹伤寒，其次是痢疾。

拿破仑时代之后，西方国家变得更干净了。第一次世界大战期间，斑疹伤寒的暴发仅仅局限在东线。在战争的前6个月，塞尔维亚有15万人死于斑疹伤寒，其中包括他们囚禁的奥地利战俘，6万名战俘的半数以上因斑疹伤寒死亡。矛盾的是，这反而帮助了塞尔维亚人。奥地利人对斑疹伤寒异常恐惧，他们由于害怕感染而远离了塞尔维亚。总的说来，斑疹伤寒对俄国人的打击最重。在第一次世界大战和由其引发的俄国革命期间，俄国发生了大约2 500万例斑疹伤寒，并有300万人因此死去。（在俄国人以外的"一战"参战人员中，有约500万人患斑疹伤寒，约50万人病死。）俄国革命期间也暴发了严重的斑疹伤寒，列宁说："或者是虱子战胜社会主义，或者是社会主义战胜虱子！"[1] 在第二次世界大战期间，斑疹伤寒也有零星暴发，尤其在集中营里，但是人们使用滴滴涕等杀虫剂来消灭携带斑疹伤寒的虱子，这几乎根除了这种疾病。

1.《列宁全集第37卷》，全俄苏维埃第七次代表大会文献（1919年12月5日）。——编者注

监狱、济贫院和集中营

监狱和济贫院在许多方面与难民营和集中营相似。在这些地方，无助的人们被集中在一起，卫生条件通常很差。18 世纪和 19 世纪，在欧洲工业国家人满为患的监狱里，斑疹伤寒像野火一样蔓延。湿冷的环境、满是虱子的脏衣服、营养不良，这些因素共同导致了斑疹伤寒一次又一次的流行。相较于那些无业游民和无家可归者，济贫院和孤儿院的条件也好不到哪里去。载着欧洲移民前往美国或澳大利亚的船只搭载的乘客往往超过计划要搭载的，并且这些船上发生过类似的疾病暴发。难民营和战俘营往往人满为患。无论是何初衷，任何过度拥挤的场所，一旦卫生状况恶化，那里的人们都很容易患上斑疹伤寒。当然，其他疾病也可以“大显身手”，但是斑疹伤寒无疑是最强的杀手。

尽管过度拥挤是最重要的因素，但这些机构，无论是营房、监狱、养老院还是孤儿院，都有另外一个显著的缺点：里面的人共享资源。他们呼吸着同样的空气，喝着同样的水，吃着来自厨房的同样的食物。因此，他们也共享着所有以空气、水、食物作为传播媒介的传染病。人口的稳步增长，加上出于经济原因而导致的资源共享，这一趋势使得现代社会里的人越来越容易受到介水传染病和食源性疾病的影响，无论这种疾病是自然传播的还是被人蓄意传播的。

生物战

焚烧庄稼和污染水源可能是最早的生物战。把已死的或腐烂的动物扔到井里或水坑里无疑相当有效。综观历史，为达到军事目的而蓄意传播疾病的做法时有发生。这些措施大多没有奏效或者是不必要的。例如，白人殖民者尝试将天花传播给美洲印第安人，这在很大程度上是不必要的，因为天花早就已经开始自行传播了。

在中世纪的欧洲，为了用传播疾病的方式来攻破城堡或是有城墙的城市，感染了炭疽的牛会被扔进城里。炭疽是一种极易传染给人类的牛羊疾病。它能导致较高的死亡率，而且相当奏效。尽管如此，参考一下大多数中世纪城镇或城堡的卫生状况，你会发现想攻破它们几乎不需要任何来自外部的感染原。腺鼠疫、伤寒、天花、肺结核、痢疾、白喉和麻疹本已常伴它们左右，顺其自然就可以了。

直到最近，人们才真正重视生物战，这是因为许多危险的传染病已经传播开了。如果敌方人满为患、不讲卫生，某些自然疾病不需要任何人为操作就会发起生物攻击。只有在如今这个有消毒行为的时代，故意传播疾病才能构成一种有意义的威胁。

心理、成本和便利度

越南战争期间，越南游击队挖了陷阱并加以伪装。他们通常会在这些陷阱中放置削尖的竹子或是碎竹片，上面沾有人的排泄物。虽然这有可能让人感染，但它的主要影响还是心理上的。对饵雷陷阱的担心大大拖慢了美军的行动速度，使他们的速度与实际伤亡人数很不相称。因此，生化战争的威胁可能会对人产生巨大的心理影响。

采取保护措施既费钱又不方便。为士兵接种疫苗以预防所有可能被投放的疾病既昂贵又耗时。此外，疫苗常常有副作用。看一下美国陆军使用的炭疽疫苗吧，它在 1971 年获批，经过彻底的测试，被认为是相对安全的。5%~8% 的接种者的注射部位会产生肿胀和感到刺激，1% 的接种者会有严重的局部反应。虽说严重的全身性反应是“罕见”的，但是疫苗还是没有被广泛使用。疫苗需要注射 6 次，外加每年 1 次的加强针来加强免疫。虽然它能防止在病毒面前的“自然”暴露，但是否能防住含有大量炭疽芽孢的气溶胶还是个未知数。

即便没有生物战，温带国家也会给军队发放用来抵御疟疾和其他热带传染病的药物，但是长期服用这些药物会损害健康。经常接触杀虫剂会损害神经系统。给步兵穿上防护服和呼吸器会妨碍他们的行动。在炎热的气候里，穿过多衣物也会导致中暑。

作为生物武器的炭疽

炭疽是一种牛感染的强毒力疾病，很容易感染人类，可以造成很高的死亡率。它是由一种叫炭疽杆菌的细菌引起的。这种细菌很容易培养，而且它产生的芽孢可以在严酷的条件下存活。芽孢可以在土壤中休眠数年，在接触到合适的宿主后才开始萌发。从某种程度上来说，炭疽是一种理想的生物武器：致命性高、传染性强、生产成本低且芽孢易存储。如前文所述，在中世纪时，人们在攻城战时为了破城，有时会将感染了炭疽的牛扔进城堡或有城墙的城市里。

炭疽的问题在于，它的芽孢非常顽强，而且寿命很长，所以在战争结束后几乎没办法清除它们。当你的敌人被消灭后，你的想法肯定是占领他们的领土。然而麻烦的是，炭疽芽孢可以在土壤中长时间存活，甚至很可能感染入侵者。英国在二战期间曾在离苏格兰不远的格鲁伊纳（Gruinard）岛测试炭疽。数千只羊成了实验品，大量的炭疽芽孢四处飞散。尽管这个岛已经被燃烧弹轰炸过，也被消毒过，但直到今天它仍然不适合人类居住，因为炭疽芽孢仍然存活在土壤中。

持有生物武器的业余爱好者事倍功半

1995年，ATCC（American Type Culture Collection，美国标准培养收集所）将鼠疫耶氏菌（会导致黑死病）的培养物运送给了一个白人至上主义者。这个人伪造了一个美国联邦认证号码，利用这个号码欺骗了ATCC，让ATCC误以为他与一家真正的机构有关，结果他因伪造号码而被定罪。1998年，联邦调查局又逮捕了这个人，因为他持有炭疽耶氏菌。而事实却是，他持有的原来是无害的疫苗株！具有讽刺意味的是，分离出这些无害、无芽孢的炭疽衍生物的正是美国陆军的研究人员，目的是用于免疫。

更滑稽的是，1998年7月，“得克萨斯共和国”分裂分子密谋暗杀总统克林顿。他们的计划是在一株仙人掌的刺上涂抹艾滋病病毒、炭疽杆菌和肉毒杆菌，然后用一个改装过的打火机将其发射出去。这一事件说明了生物战的另一个弱点：把简单事件复杂化。如果你要射杀某个人，为什么不用普通的子弹配上一把未经改装的枪呢？

因向白人至上主义者提供鼠疫耶式菌，ATCC在20世纪90年代声誉严重受损。毫无意外的是，人们提出了各种各样的提案，要求对其加强监管。不过，任何医院中配备了微生物实验室的国家都可以发动生物战。所有国家的主要医院和研究中心的库中都有用于诊断比较的以及制备疫苗和抗血清所需的致命微生物。在经常发生致命感染的贫穷国家尤其如此。因此，任何掌握相关知识的医院微生物学家或临床技术人员都有机会获得危险生物制剂的培养物。这种情况使得出口管制以及对研究实验室安全措施的强化都变成了徒劳。而且，在许多第三世界国家，在疾病暴发期间，引发致命疾病的病菌可以直接从受感染的人或动物身上分离出来。

生物战中该用哪种药剂?

在细菌性疾病中，炭疽、布鲁氏菌病、土拉菌病、鼻疽、类鼻疽和黑死病都曾被考虑用于军事。人们的建议中有各种各样的病毒，包括可以引发拉沙热和埃博拉的病毒。但在所有的病毒中，唯一公认的选择是天花。如果我们要求生物战既廉价又简单易操作，那么我们就可以忽略病毒这个选项了。尽管它们不能被抗生素治愈，看起来好像更可怕，但它们很难培育，因为它们只能在其他生物的细胞中繁殖。虽然病毒可以在蛋黄或哺乳动物细胞中培育，但这需要高科技设备和训练有素的人员。诚然，在发达国家，大量的病毒被培育出来用以生产疫苗，仅仅其中少量的病毒制剂就可以感染数百万人。但是，如果要完成快速肮脏的暗箱操作，我们还是应该使用可以在培养环境中自行生长的细菌。

布鲁氏菌病由布鲁氏杆菌引起，是一种发于牛、骆驼、山羊和相关动物身上的疾病。1954—1969 年，美国用它来进行生物武器研发，尽管这个选择看起来很奇怪。在人类身上，布鲁氏菌病的表现是不规律的，虽然患者通常会重病数周，但即使不治疗，它也很少致命。土拉菌病由土拉热杆菌引起，是一种发于啮齿动物身上的疾病，如果人类患病且不治疗的话，死亡率为 5%~10%。类鼻疽是由类鼻疽伯克霍尔德菌引发的。它与马鼻疽（由鼻疽伯克霍尔德菌引发）有关。类鼻疽是一种罕见的由鼠蚤传播的远东鼠类疾病。尽管类鼻疽看起来只是“类似”鼻疽，但它比鼻疽要严重得多，95% 的人类患者会因此死亡。

在第二次世界大战期间和战争刚刚结束的时候，腺鼠疫很流行。鼠疫耶氏菌虽然通常由跳蚤传播的，但它在培养条件中易于生长，而且可以通过喷洒传播。位于波登当（Porton Down）的英国生物战争中心（British Biological Warfare Center）在第二次世界大战后的几年里，一直保存着大量腺鼠疫培养物。20 世纪 60 年代，美国或许曾尝试在越南、老挝和柬埔寨的啮齿动物中传播腺鼠疫。和其他许多有关生物战的信息一样，这是有争议和未被证实的信息。1969 年，尼克松总统宣布禁止化学武器和生物武器的研究。在那之后，人们对腺鼠疫的兴趣逐渐淡化并消退。

曾有人认为炭疽和天花（包括人工突变体和杂交体）是生物战计划的热门候选。如果某种病毒的粒子相当稳定，寿命也很长，例如天花，那么对于一个工业化国家来说，制造它还是具备可行性的。此外，天花被根除后人们放弃了接种天花疫苗，这也导致了易受攻击人群的出现。对付第三世界国家的话，使用病毒是一个值得怀疑的选择。炭疽可以是一种不错的威慑物，但在炭疽释放后占领领土是有危险性的。对付幅员辽阔、人口稀少的苏联的话，考虑使用炭疽的可能性是微乎其微的。

两次世界大战

第一次世界大战期间，德国人为了感染动物而做了一些不太成熟的尝试。1915 年，一批牛和马被从美国运往协约国，德国间谍为这些牛和马分别接种了炭疽和鼻疽。1917 年，在法国也发生过类似事件。驻扎在苏黎世的德国间谍被指控在意大利传播霍乱。这些尝试没有收到明显的效果，可能是因为技术上的失败，也可能是因为这些指控仅仅是一种宣传策略，这些都尚存争议。

日本被指控在第二次世界大战期间在中国传播腺鼠疫。日本人可能有能力培育出大量的鼠疫培养菌。据记载，几架日本飞机扔下了棉布、米粒和其他可能携带鼠疫耶氏菌或感染了腺鼠疫的跳蚤的物资。的确，战争年代中国中部曾发生过小规模的腺鼠疫。据报道，大约有 100~200 例腺鼠疫病例，大多是致命的。当时的中国政府称这是由生物战造成的，当时的美国总医官显然接受了这一说法。

证据并不能令人信服。几个世纪以来，腺鼠疫一直是中国南方啮齿类动物的地方病。战争造成的混乱很容易导致出现零星的腺鼠疫感染，即便是在远离主要腺鼠疫储存宿主的地区也是如此。此外，尽管人们做了数次尝试，但是仍没有从日本人空投下的物料中分离出鼠疫耶氏菌。不管怎样，鼠疫是通过跳蚤叮咬或空气传播的。大多数细菌会被胃酸杀死，所以被污染的大米并不能帮助传播瘟疫。

污染的棉布也毫无意义。喷洒培养菌是感染大量人群的唯一有效方法，日本人肯定知道这一点。日本人的所作所为令人费解，它似乎不太可能是一种有效的生物战形式。

针对兔子的生物战

20 世纪 50 年代，澳大利亚人试图用黏液瘤病消灭兔子的行动引起了广泛关注。兔子“有幸”成为科学生物战的第一个目标动物，它的知名度不亚于路易·巴斯德。事情发生在 1887 年的法国。几只兔子在兰斯市波默里夫人的酒窖上挖洞，掉下的石头砸碎了香槟酒瓶。巴斯德派他的助手去播撒了鸡瘟的培养物。三天后，人们发现了 32 只死兔子，其余的兔子也消失了。巴斯德于是派他的助手去了澳大利亚，该助手在那里失败了。感染没有在兔子中传播开来。而且，当地养牛的人担心他们的牛群可能会被感染，因此反对这个项目。于是这个项目被放弃了。

半个世纪后，染病的兔子被部署到澳大利亚。第一年，黏液瘤病杀死了被其感染的超过 98% 的兔子。10 年后，这种病只杀死了 20% 被感染的兔子。在病毒的第一次猛攻中幸存下来的一小部分抗病兔子做了兔子最擅长的事——生更多兔子。简而言之，澳大利亚人的选择让兔子进化并对黏液瘤病免疫。今天，兔子的数量再次激增，澳大利亚人已经准备好了另一轮生物战。兔杯状病毒于 1984 年在中国出现，并从中国传播到欧洲、非洲和美洲。这种病毒在意大利养兔场杀死了 6 400 万只兔子，充分展示了它的致病能力。病毒在家兔间传播，然后进入当地野兔种群。该病毒是高度特异性的，只感染欧洲兔（欧洲兔经常在其他大陆出现，就像在澳大利亚泛滥的兔子一样），致死率约为 95%。

人们安排了在澳大利亚两三百个不同的地点协同释放病毒。

澳大利亚人希望这可以最大限度地减少具有抵抗力的兔子或温和病毒的出现。在澳大利亚干旱地区（西澳大利亚、北领地和南澳大利亚）释放的杯状病毒在几周内杀死了 95% 的兔子，这符合预期。在其他地区，灭杀行动推进得不稳定。澳大利亚人也许能得到几年的喘息之机，但这 5% 的幸存者用不了多长时间就可以重新建立起一个兔子种群，而且是能抵抗杯状病毒的种群。

生物战不可靠

也许，主要国家如此轻易地同意取缔生物战的一个原因是它效果很差。实际上，比起生物武器来，子弹和炸弹更易于制造和操控。另一个问题是，即使是传播速度最快的疾病，如肺鼠疫，也需要至少 24 小时才能致死，可 24 小时的时间已经足够实施报复性的核打击了。另一个缺点是传播问题。喷洒是传播细菌的标准方法，不过难点在于这取决于天气。第一，需要微风；第二，风必须得朝正确的方向吹！

20 世纪 50 年代，英国政府使用无害细菌进行了实地测试。当风把细菌吹过“健康”的农田时，大多数通过空气传播的细菌都存活了下来，而且活得很好。相反，当细菌被吹过工业区，特别是炼油厂时，空气中的细菌大多被杀死了。许多通过空气传播的工业污染物对细菌和病毒是致命的。即使风向有利，一个工业国家的大多数人口都生活在城市里，受当地空气污染的“保护”，可以免受空气中细菌的侵害。

疾病基因工程

让我们选一种实验室中无害的细菌，比如大肠杆菌，把它改造成危险的细菌。我们向其 DNA 中插入可以入侵人体细胞的基因。我们提供的基因可以切断血细胞中重要的铁元素的供应。我们给基因添加了强效的、小剂量就能致人死亡的毒素。我们得到了什么呢？一种足以将我们从地球上完全抹去的无法阻挡的疾病吗？不，我们只是把大肠杆菌转化成了它的近亲，鼠疫耶氏菌，也就是腺鼠疫的病原体。我们今天没有死于腺鼠疫并不是因为鼠疫耶氏菌的毒性不够强，而是因为现代卫生条件的改善。我们不必担心有人通过基因工程来增强疾病的危险性，真正应该担心的是我们自己一直身处大自然的枪口之下。任何忽视卫生的军队都在敞开大门等着疾病来削弱自己。不必是新的、更厉害的疾病，只要条件合适，疾病中的任何一位“老相识”都可以完成任务。

7

性病和道德

Venereal disease and morality

桑威奇伯爵（Lord Sandwich）对约翰·威尔克斯（John Wilkes，1727—1797）说：“我常在想，你一定会死于非命，不是得梅毒就是被绞死。”约翰回答道：“那要看我是拥抱伯爵您的夫人，还是拥抱伯爵您的原则了。”

性病令人尴尬

近年来有一种趋势，就是用不那么令人尴尬的“性传播疾病”（sexually transmitted disease，简称STD）一词来代替让人看起来不舒服的“性病”（venereal disease，简称 VD）一词。尽管如此，即使是在发达国家，人们也很难获得关于性病患病率的准确数据。原因很简单：尴尬。

性病的历史表明，从长期来看，滥交可能会与清教主义交替出现。随着时间的推移，通过直接的人际传播的疾病往往会变得更加温和，正如第 3 章中所阐述的那样。性病显然就属于这一类，梅毒是一个典型的例子。一种新的性病刚出现时，往往会有一个强毒性阶段，这会影响社会上最爱粘花惹草的那些人。许多感染者死亡、残废或毁容，性病还经常导致不孕不育，导致婴儿先天畸形或被感染。在过去，这些通常被视为对罪恶的惩罚。

这反过来又激起了一些社会行为上的强烈反应，这种反应通常表现为宗教。当时的宗教权威和道德卫士纷纷声讨和严厉谴责性放荡。各种各样的限制和规定以上帝或道德纯洁的名义被实施。这些限制本身可能没有什么效果，仅仅使那些被禁止的性行为转入地下。在英国维多利亚时代，受人尊敬的中产阶级人士一看到露在外面的女性脚踝就会心痒痒，有些人甚至荒唐地用布帘遮住木制家具露在外面的腿。然而，据估计，在维多利亚时代的伦敦，多达 20%~25% 的女性在她们一生中的某个时段从事过卖淫。诚然，其中的大多数人只是短期参与，以便在经济困难时期渡过难关。W. 欧丹尼尔（W. O'Daniel）在他的《伦敦种种》（*Ins and Outs of London*，1859）一书中称，根据警察和法庭的记录，伦敦每时每刻都有大约 55 000~80 000 名妇女从事卖淫活动。这大约占女性人口的 7%（当时伦敦总人口约为 200 万）。此类历史片段表明，所谓“传统道德”盛行的“美好的往日”在很大程度上是建立在表象上的。

最终，大多数性病的毒性会减弱，尽管它们可能还会继续传播，但它们引起的恐惧会少得多。然后，布道之声渐息，监管逐渐放宽。最后一个清教盛行的时代也是梅毒的时代，它开始于欧洲人发现新大陆后不久。当时，梅毒在欧洲出现，并一直肆虐到第二次世界大战，也就是青霉素成为一种治疗方案的时候。二战后的性解放热潮因20世纪80年代艾滋病的出现而降温。艾滋病无法治愈而且致命，研制出有效疫苗的可能性也微乎其微。然而，使用昂贵的抗病毒药物治疗可以使艾滋病得到一定控制，至少在发达国家是这样的。

只要我们这个星球上的生物多样性持续稳定地向人类输出新的性传播疾病，这种清教主义与滥交的交替就会继续下去。当然，并发症也会出现。在城市文化中，性道德与不断变化的政治意识形态和宗教风尚交织在一起，滥交和清教主义的循环往复是城市文化的特征，农村文化的道德观波动则相对较小。经济状况也会对此产生重大影响，于是，在西方资本主义社会中，女性裸露的皮肤面积也遵循着经济周期：当经济繁荣时，裸露的皮肤更多；当经济衰退时，女性着装就不那么暴露了。

技术进步也改变了性行为。避孕药大大降低了性行为后怀孕的风险。最近推出的米非司酮（RU486，堕胎药）降低了意外怀孕的健康风险和成本。抗生素有效地治愈了传统性病、梅毒和淋病。所有这些进步都有助于降低性行为的风险。

滥交、宣传和观念

20 世纪的医学进步真的增加了随意性行为的频率吗？或是通过减少其损害而减少了社会的不认同？清教主义是减少了滥交还是仅仅使其转入地下？我看到的是，尽管美国的教堂中教众甚多，还有很多宗教狂热者，但美国大多数性传播疾病的发病数却远远高于西欧。

最近的研究表明，美国的性病发病率比其他工业国家高 50~100 倍。也就是说，大约每 10 万美国人中有 150 人患有淋病。而在瑞典，每 10 万人中有 3 人；在加拿大，每 10 万人中有 19 人。这些数字通常会引发人们呼吁教育和道德。在 20 世纪 90 年代，淋病和梅毒的发病率在美国显著下降。遗憾的是，这一趋势自 2000 年以来发生了逆转，这两种传染病的发病率在缓慢地稳步上升。

与维多利亚时代相比，滥交在今天真的更普遍吗？还是说，只是人们对它的污名化少了一些？在维多利亚时代的英国，未婚妈妈通常会搬到一个陌生的城镇，并以自己是“战争遗孀”为理由来解释自己为何没有丈夫。只要传染病持续稳定地杀死一部分英国派往海外控制其帝国的士兵，上述伪装就是可信的，甚至是充满爱国情操的。尽管在我们这个自以为是的时代，我们经常说到维多利亚时代的假正经和对未婚母亲的冷酷对待，实际上那些采用了爱国说法的人得到了大量的援助和救济。这一套路也让未婚妈妈“再婚”时不会受挫。我们应该意识到，维多利亚时代的大多数聪明人都知道“战争遗孀”的伎俩。只要道德规范没有被公开蔑视，没有多少人想去戳穿那些谎言。

我们研究性行为时面对的最大问题，除了它比较污秽的方面（例如性病的传播）之外，还有要在社会伪装的外表下寻找真实。体面和放荡都有其理由。世界各地的人都会吹牛说自己去过那些他们从未去过的地方，而有名望的人士则否认参与过任何当时道德规范所不允许的事情。研究人员试图通过夸大非主流性行为的影响来引起关注和获得资助，政治活动家夸大同性恋者的人数。传统的宗教信徒和女权主义者都倾向于把恋童癖的人数往多里说，特别是在类似于互联网聊天室这样的新现象出现时。所以请读者不要过分看重这一章节里的数据。相比那些不那么令人尴尬的疾病，关于性病的数据要不可靠得多。

梅毒传入欧洲

公元前400年之前，希波克拉底的记载表明，疱疹、衣原体疾病以及可能的淋病当时正在希腊和中东流行。衣原体可引起性病和沙眼。沙眼是一种眼部感染，常导致失明，在古埃及尤为常见。其他疾病的症状可能与淋病相似，所以历史描述大多模棱两可。阿登的约翰（John of Ardenne）于1378年在英国首次明确地描述了淋病。自那时起，病例就频繁出现。古代世界没有艾滋病，也没有梅毒，梅毒是由哥伦布等探险家从新大陆带回来的。

性病发展的“典型”周期很大程度上是从梅毒的历史中衍生出来的。几乎可以肯定的是，梅毒来自美洲。它在欧洲的首次亮相是在 1494 年法国军队攻击那不勒斯时，也就是在哥伦布出航两年之后。归国的战士们把它带回了法国，在那里它迅速地在人群中传播开来，不论贫富。当时的医生显然很好地利用了它。看到蒂埃里·德埃里（Thierry de Héry）在法国国王查理八世的雕像面前下跪祈祷时，一位修道士说这个国王并不是一个圣人。这位医生回答道：“也许他不是，但是我发的财全是拜他将疾病引入法国所赐，为此我再怎么感谢他都不过分。”梅毒从法国开始，传遍了欧洲、亚洲和非洲。

在一个国家，性病通常以一个不受欢迎的相邻地区的名字来命名。大多数欧洲人称梅毒为“法国水痘”。梅毒传到远东以后，中国广东以外地方的人叫它“广疮”[1]，日本人则叫它“中国痘”。《圣经》中提到了“埃及脓疮”，虽然我们不清楚这具体指的是什么，但这种带有蔑视意味的说法暗示了它是一种古老的性病。这样的做法引起了相当大的混淆。在梅毒传播到欧洲之前，“法国水痘”一词经常被用来指代淋病，至少在英国是这样的。

梅毒最初出现时表现出了两个显著的特征。首先，它的毒性很强；其次，它的传播并不局限于性传播。在某些方面，梅毒在欧洲的表现就像天花在美洲的表现一样。美洲印第安人以前没有接触过天花，极易感染。旧大陆的居民在面对梅毒时也是如此。

1. 据说此病最先由外国传至广州，故这样命名。——译者注感染梅毒后会迅速出现严重的症状，结果往往致残甚至致命。要知道，整个法国军队之所以被迫从那不勒斯撤退，是因为梅毒快速地造成了太多的病亡人数！几个世纪过去后，梅毒逐渐变得更温和了，疾病发展得更缓慢了。在许多患者身上，它没有能力再达到使人衰弱的第三期了，即便在少数不幸的患者身上，它也要花许多年才能发展到这个阶段。其中之一是美国最著名的罪犯，阿尔·卡彭（Al Capone），他于 1947 年死于梅毒，终年 48 岁。

1932—1972 年的 40 年间，美国公共卫生局在亚拉巴马州的塔斯基吉市（Tuskegee）针对黑人男性进行了一项长期的梅毒研究。尽管能有效治疗梅毒的青霉素在 20 世纪 40 年代已经问世，但为了观察梅毒对人的长期影响，他们拒绝给这 400 名左右的患者进行治疗。所以，不仅仅是希特勒的党卫军会对他们所谓的"劣等种族"进行医学实验。这项研究持续了 40 年，比 1494 年时人们的平均预期寿命还长，它证明了梅毒的相对温和程度。

类似的趋向缓和的转化也出现在了其他性病中，包括淋病和衣原体导致的疾病。1475 年，英格兰国王爱德华四世在法国战役后返回英格兰。他发现了淋病给他的军队带来的损失。他抱怨说，他"失去了太多士兵，他们沉迷于女色并深受其害，他们的阴茎腐烂掉了，然后他们死去了"。从这形象的描述中我们可以清楚地看出，那时的淋病比现在的严重得多。然而，即使是在那时，淋病的发病率也是在下降的。虽然它仍然会降临到一些不检点的士兵身上，但它已失去了决定一场军事行动总体结果的能力。

性病与皮肤感染的关系

梅毒是由梅毒螺旋体引起的。螺旋体是一种螺旋形细菌，常见于淡水中，也见于包括人类在内的各种动物的皮肤上或肠道里，大部分是无害的。密螺旋体是一种依附于皮肤的螺旋体，它已经学会了如何入侵动物的身体并引起疾病。有四种类型的感染是由密螺旋体引起的：雅司病（yaws）、品他病（pinta）、非性病性梅毒（bejel）和梅毒。它们都是通过身体接触传播的。雅司病是一种热带皮肤病，有时会穿透体内的器官，造成严重损害，最终可能致命。非性病性梅毒则是一种能适应干旱条件的变异体，常出现在中东和北非。品他病较为温和，主要见于中美洲和南美洲。

在美洲，与欧洲接触前的密螺旋体感染似乎主要是轻微的和非性传播的。在14世纪90年代传入欧洲的密螺旋体可能介于雅司病和梅毒之间。最早的欧洲病例可能是通过非性接触的方式，而不是以性接触方式传播的，将它们引入的是那些既肮脏又拥挤的士兵。雅司病在温暖潮湿的环境下能感染皮肤表面。梅毒选择了在人体温暖潮湿的地方停留，而后专门通过性行为去传播，以此最终得以在寒冷的欧洲扎根。

沙眼衣原体皮肤病和生殖器衣原体感染之间也存在类似的关系，它们都是由沙眼衣原体引起的。沙眼是一种体表疾病，以感染眼睛和在严重情况下导致失明而被人熟知。它是由苍蝇和脏手传播的。衣原体是当今生殖器官感染的第二大常见原因，人乳头瘤病毒是第一大原因。虽然可能有并发症，但生殖器衣原体通常是温和的，往往不会引发症状。1997 年对 1 万名性行为活跃的美国青少年的调查显示，8.6% 的女孩和 5.4% 的男孩有衣原体感染。最近也有规模较小的类似调查，结果显示情况略有改善。几乎所有的男孩和 75% 的女孩都没有明显的症状。由疱疹病毒引起的皮肤疱疹和生殖器感染也是由同一种病原体的变体引起的。

一些公元 100—200 年的早期印度文献提到了一种疑似麻风病的“库萨罗加病”（kustha roga）。有趣的是，人们认为它的传播至少有一部分是通过性途径。一些中世纪欧洲的文字记录称麻风病人是淫荡和堕落的。这些历史证据本身并不能令人信服，但皮肤病产生性病变异体的趋势是相当明显的。过去存在一种通过性传播的麻风病吗？

艾滋病是一种非典型的性病

与前文已经讨论过的性病不同，艾滋病不是由皮肤感染引起的。HIV 是导致艾滋病的病原体，通过血液传播，还会通过性行为和被污染的针头传播。部分由于这些原因，发达国家将艾滋病控制在了总人口的一小部分当中。艾滋病在工业化国家可能已经无法进一步扩散，但在第三世界国家却是传染病中最大的杀手，特别是在非洲，它杀死的人已经超过了疟疾和肺结核杀死的。

艾滋病并不是唯一通过血液传播的性病。有好几种病毒可以引起肝炎，乙肝病毒引起的肝炎占肝炎病例的大约三分之一，乙肝病毒与艾滋病的传播机制相同，在同样的高危人群中流行。许多乙肝病例的患病表现非常轻微，一两个星期后就会自然痊愈，另外一些患者则会出现致命的肝功能衰竭或长期肝脏损伤。其他几种病毒也有类似的特征，有些还是最近才发现的。好在肝炎病毒不会像 HIV 那样破坏免疫系统或是迅速变异。现在已经有了针对包括乙型肝炎在内的一些病毒性感染的有效疫苗。

另一个由血液传播疾病引起性病的古怪例子是马的锥虫病。伊氏锥虫病是昏睡病的近亲，它会影响马匹。正常情况下，它是通过吸血苍蝇传播的，但在南美洲存在一种特殊的性病毒株，这种毒株在马匹交配时传播。病毒在马皮肤表面有局部破裂时可以进入马匹体内——也就是说，发生血液接触。这种轻微的皮肤损伤在马匹交配时经常发生。

艾滋病起源于非洲的猿和猴子

目前已知最早的 HIV 样本是 1959 年从比属刚果（现刚果民主共和国）的一名居民身上采集的血液中发现的。HIV 的变异速度很快，而且相当稳定。对不同的早期毒株（包括 1959 年的样本和 1960 年的样本在内）的比较表明，HIV 的祖先出现在 1890—1920 年，而且早在艾滋病流行并进入公众视野之前就早已分化成不同的变种。

HIV 与 SIV（猴免疫缺陷病毒）密切相关，我们在猿和猴子体内发现了后者。整个 SIV/HIV 病毒组较新，生活在非洲的非洲猴类经常携带该病毒家族中的病毒。相比之下，生活在加勒比海岛屿上的来自非洲的猴子则不携带 SIV。加勒比猴的祖先是在 17 世纪和 18 世纪时从非洲引进的，这意味着 SIV 在当时还没有广泛传播。

有两组人类的免疫缺陷病毒是已知的。最初的 HIV-1 是绝大多数病例所患的，并且是最致命的。HIV-2 相对少见，毒性也较弱。HIV-1 的祖先可能是从西非赤道地区的黑猩猩身上转移到人类身上的。目前已知的 HIV-1 的三种亚型，很可能分别来自几种从黑猩猩传播给人类的密切相关的病毒。HIV-2 似乎在脱离 SIV 家族之后进入了人体，可能是通过白枕白眉猴。

在非洲，SIV 家族的病毒仍在向人类传播。感染通常发生在为吃肉而宰杀黑猩猩和猴子的时候，或者在将它们当作宠物饲养的时候，不过后面这种情况比较少见。近年来，研究者在筛查非洲人的血液样本时发现了若干新转移的 SIV 病例。大多数 SIV 毒株对其原宿主或感染了它们的人类几乎没有伤害。相似的是，黑猩猩也不会感染艾滋病，即使是故意将人类身上的 HIV-1 注射到它们体内，它们也不会感染。在一些非常罕见的情况下，新转移的 SIV 毒株可以在人类宿主体内迅速变异，从而产生危险的新变种。也就是说，它们可以成为新的 HIV 毒株。

艾滋病的全球发病率和传播

美国有100多万艾滋病患者。该病的流行似乎已经稳定下来，每年约有5万名新增患者。在美国，由于改进了治疗方法，死于艾滋病的人数从1995年的约5万下降到2002年的约1.6万。

在富裕国家，艾滋病发生在小部分人群之内，尚未进入主流人群。但在第三世界国家，艾滋病的传播范围要大得多。全世界约有6 000万艾滋病患者，其中三分之二在非洲。到1999年，全世界已有270万人死于艾滋病，其中非洲有220万。目前，艾滋病已超过肺结核和疟疾，成为致死人数最多的传染病，每年约有300万人死于艾滋病。艾滋病感染者的真实人数可能更多。在维多利亚时代的英国，很多死于梅毒的人都被记录为“肺痨”死者。同样，在非洲，因为会被视为社会耻辱，官方往往将艾滋病感染造成的死亡归因为死于肺结核。

在工业化国家，大约20%的艾滋病患者是女性，而在第三世界国家这一比例为50%。有几个因素对HIV在第三世界国家的传播产生了较大影响，而这些因素在发达国家几乎没有影响。一个因素是其他性病带来的影响。要引发疾病，HIV需要进入血液并侵入白细胞。对于大多数病毒来说，穿过薄薄的肠壁要比穿过阴道内壁容易得多，因此，肛交比正常性交危险度更高。如果患者已经感染了其他能损害生殖器官表面的性病，那么艾滋病在异性间传播的风险就会大大增加，因为HIV可以通过皮肤上的伤口进入血液。

在第三世界国家，许多艾滋病的异性传播发生在那些已经患有其他性病的人身上。在贫穷国家，这些疾病往往得不到治疗。即便是在发达国家，那些已经感染了疱疹病毒的人感染 HIV 的风险也非常大。非洲受艾滋病打击如此严重的另一个原因是，在贫穷的非洲国家普遍存在寄生虫感染，它也使受害者更容易感染艾滋病。

在贫穷国家，艾滋病也会通过受污染的针头进行传播。很多贫穷的第三世界国家负担不起一次性医疗用品的费用。重复使用针头或其他消毒不彻底的医疗器械也会传播艾滋病。甚至有人认为，针对其他疾病的疫苗接种计划加快了艾滋病在非洲的传播。很明显，在这种机制下，无论性行为如何，男性、女性和儿童都面临着同样的风险。大多数这样的案例也被算作“异性传播”，这种说法部分是出于无知，部分是为了逃避责任。

在发达国家，静脉吸毒者共用被污染的针头也会传播艾滋病。在大多数欧洲国家，吸毒者可以拿到干净无菌的针头，因此很少互相传播艾滋病和肝炎等其他血源性疾病。在美国，反毒品立法将一切与毒品相关的东西当成了打击目标。虽然毒品供应几乎没有受到影响，但这样的立法使人们越来越难以得到干净的针头。因此，在美国很多吸毒者会共用被使用过的针头，因此传播艾滋病的可能性比在其他工业国家更大。虽然针具交换计划现在在美国的一些州得以实施，但数量仍比欧洲少。

教会、道德和性病感染

传播不道德比践行不道德更坏。

——伊塔洛·斯韦沃（Italo Svevo）

古代的流行病常被人们当成上帝的审判。性病一直被认为是上帝对不道德性行为不满的表现。在中世纪早期的欧洲，教会理论上是禁止卖淫的。然而，实际上卖淫是被容许的。欧洲城市里有很多公共浴室，有些是由市政当局管理的，有些甚至是由教堂自己经营的。这些浴室中有很多只是为卖淫打着脆弱的掩护。中世纪的城市通常将卖淫活动限制在某些地区，并规定妓女要着特殊的装束，如黄色的围巾或猩红色的腰带。

在16世纪早期到中期，由于天主教会对不道德行为采取了激进的措施，欧洲各地的公共浴室和妓院都被关闭了。标准的历史解释是新教的改革吓坏了教皇，导致教皇采取了行动。新教徒们批评天主教会在财政和道德上的腐败，同时也抨击了它的教义。为了维护自身在道德上的权威，教皇选择了用停止纵容和严厉打击的方式作为回应。然而，梅毒也是在这个时候在整个欧洲暴发的。同样的事情也发生在中国。在明朝时期，卖淫本来就很普遍。当时，没有致命性的性病四处传播，那些沉溺于买春的人在事前和事后都会小心翼翼地洗干净自己的身体，也很少有人会因此被社会污名化。然而，1505年，梅毒在广州地区的出现改变了这一切。

当梅毒第一次袭击欧洲时，它的性病特征并不明显。起初，它被视为神对普遍的不道德行为的惩罚，包括赌博、忽视宗教义务以及性放纵。大约一个世纪后，梅毒才完全成为一种性病。到了18世纪，人们知道梅毒是通过性行为传播的了。而后，感染梅毒就成了不忠或纵欲的具体证据。在此期间，伦敦上流社会的家庭曾贿赂医疗机构，将死于梅毒的亲属列为肺结核死者。当时说死于肺结核还算是时髦的，但说死于“法国水痘”听起来就不那么适宜了。到了20世纪早期，梅毒已经变得温和了，其他性病也有同样的变化。性道德开始放松。抗生素和避孕药的出现让患病和意外怀孕的风险都消失了，这导致性道德进一步迅速垮塌。然后，在20世纪80年代，艾滋病在非洲出现了。

道德和宗教对艾滋病的反应

在工业化国家里，清教徒对艾滋病的反应较小，尤其是与他们对吸烟或堕胎等问题的反应相比较时。艾滋病只影响社会中的少数人，它对所谓“值得尊敬的人”几乎没有什么威胁，正如英国初级卫生大臣埃德温娜·柯里（Edwina Currie）在1987年时所说的那样：“善良的基督徒……不会感染艾滋病。”

在非洲，艾滋病在普罗大众中肆虐，威胁着数百万人的生命。在1998年的圣公会会议上，非洲主教们要求教会依据《圣经》谴责同性恋。艾滋病在美国只威胁到少数高危人群，而来自美国的大多数主教则希望宽恕同性恋行为，这让他们显得“心胸开阔”。一个奇怪的后果是，一些非洲的宗教领袖指责他们政治正确的西方同僚是种族主义者，理由是这些西方同僚不关心非洲黑人的贫苦生活。

另一个后果是促进了伊斯兰教的传播。穆斯林社区强调卫生，禁止饮酒（这就避免了醉酒乱性），他们也有更严格的性道德规范。一个好的穆斯林肯定不会感染艾滋病。值得注意的是，在非洲的撒哈拉沙漠以南地区，在以伊斯兰教为主的北部国家里，艾滋病的发病率明显低于基督教占主导地位的南部国家。

另外，南非正有越来越多的人改信伊斯兰教。据估计，1991—2004 年，伊斯兰教的信徒增加了 5 倍多。人们所列出的可能的理由是，艾滋病、酗酒和暴力等问题在过度拥挤的黑人城镇中太过普遍了，而伊斯兰教为解决这些问题提供了一种方案。也正是在这些地区，改信伊斯兰教的人最多。

遗传而来的对艾滋病的抵抗力

HIV 通过两个步骤进入人体细胞。首先，HIV 必须与它的受体 CD4 蛋白结合，CD4 蛋白存在于人体免疫系统内的许多细胞表面。接下来，病毒展开它的对接蛋白质（Docking Protein）并与一个“共受体”（co-receptor）结合，只有成功地结合在共受体上，病毒才能真正进入目标细胞。最重要的共受体是CCR5蛋白。

虽然CCR5蛋白是人类免疫系统的一部分，但它不是必需的。大约20%的白人身上的两个CCR5基因拷贝之一会有一大块DNA缺失。那些有一个CCR5基因拷贝缺失的人也会感染艾滋病，但其发病速度要比正常的慢几年。大约1%的白人的两个CCR5基因拷贝均有缺失，他们对艾滋病有抵抗力。这种突变在非洲人和亚洲人身上都没有被发现，这表明它是西欧人所特有的。

对艾滋病易感性的变化也源于CCR5基因的其他变化，这些变化改变了CCR5蛋白的表达水平。其他基因的突变也会影响艾滋病的发展，尽管这些突变大多不那么重要，也不太为人所知。

我们还知道一个悲剧性的反转的例子，那就是，对疟疾的抵抗力增加了对艾滋病的易感性。达菲受体蛋白（Duffy receptor protein）存在于红细胞表面。90%的非洲人身上有导致达菲蛋白缺失的基因变异，这为他们提供了对某些类型的疟疾的抵抗力。然而，这也增加了大约40%的HIV易感性。

古代性病史

在宗教理论和宗教实践中，罪恶、疾病和性都不可避免地交织在一起。罪恶带来了神的惩罚，惩罚最早通常表现为疾病。性通常也被认为是罪恶的，某些宗教团体甚至对那些在教堂里宣誓结婚的夫妇间合法的性关系也抱有怀疑态度。令人毫不奇怪的是，宗教狂热者认为滥交和不正当性行为会让神愤怒，从而让一种特殊的疾病——性病——降临世间。但是，是先有蛋还是先有鸡？是违反既有道德的行为传播了疾病，还是性病传播后人们才制定了道德准则，以此作为一种公共卫生措施？

古代的苏美尔人、埃及人、巴比伦人、赫梯人的宗教里，以及其他一些宗教里，都有一系列的男神，他们的等级和职能都有明确的定义。女神也有不少，但这些女神之间的差异要小得多。大多数女性神的能力和作用都集中在生育方面。有时受孕、产子、动物生育、作物生长、求雨（或让尼罗河泛滥）等能力被分配给不同的女神，但这些职能通常是有重叠的或是合并的。在今天的文化中被认为是放荡的醉酒狂欢和性放纵行为，会出现在古代的丰产仪式里。在早期宗教中，我们发现了一种有趣的圣妓现象。信奉生育女神的妇女们自愿参加，以此作为对女神神殿的贡献。这在特定文化中被当作对生育女神的献祭。

显然，某些古老的性道德观与我们的非常不同。与古人和我们之间的鸿沟相比，人们在堕胎和同性恋等问题上的争吵显得微不足道。想象一下，如果一种宗教申请容许一夫多妻制，那些声称尊重“不同的生活方式”的美国人会如何回应。古人常常接受性放纵，并且不将其本身视为一个问题。例如，通奸并不完全被视为一个单纯的性问题。已婚妇女被禁止与其他男人发生性行为，不仅因为通奸是不道德的，还因为私生子会扰乱遗产的继承。

《圣经》的祭司道德法则的出现晚于许多叙述性的记载。这些道德法则可能是在君主制后期由神职人员制定的。然而，《圣经》中许多故事中的行为显然是被当时的人所接受的，但这些行为却明显违反了后来的官方标准。例如，《圣经》中犹大和他玛之间发生了卖淫行为。这不仅被认为是合法的，而且在道德上也被故事中的人物所接受。于是，犹大，一个受人尊敬的富裕农民，公开让一个朋友将自己的嫖资送去妓女那里。

宗教中普遍的卖淫几乎没有任何社会污名，说明滥交在当时没有产生什么严重的医学后果。换句话说，感染性病的可能性很低。后来，随着人口密度提高以及传染病的传播，性病传染的范围扩大了。

公元前1000—前500年左右，人口稠密到了足以引发重大流行病的程度。在公元前500年以前，基本上所有的宗教都是多神教，都有女性神祇和生育仪式。随着城镇的发展和人群的聚集，皮肤病无疑会得到传播。我们可以想象，一些感染皮肤的特殊性病很快开始出现。它们通过生育仪式和卖淫传播，因此让这些行为变得越来越危险。

最近的经验告诉我们，军事征伐是传播性病的一个主要因素。从公元前1000年开始，亚述人、波斯人、古希腊人和古罗马人的军事行动无疑给许多传染病（包括性病和其他疾病）的传播起到了推波助澜的作用。不断增加的贸易和军事活动，使越来越多的单身男性远离家乡和村镇。这时，原本可能消失在与世隔绝的居住地里的性病开始蔓延。

滥交的危险与日俱增，它在接下来的几个世纪里导致人们的行为稳步地发生变化。别忘了，性病经常导致不孕不育，即使患者在其他方面看起来很健康。那些按过去的方式生活的人健康状况每况愈下，生育的子女也越来越少。于是生殖崇拜和女性崇拜都减少了。佛教起源于古印度拥挤的城市，并传播到了远东人口稠密的地区。不久之后，基督教在罗马的势力范围内传播开来。

在公元 324 年之前，地母宗教和生殖崇拜已经消失，基督教在那时成为罗马帝国的官方宗教。此时，基督教的主要竞争对手已不再是多神教或母神崇拜，而是密特拉教，一个一神论的宗教信仰。大约 300 年后，伊斯兰教出现，取代了近东人口较少地区残存的生殖崇拜。主要的现代宗教中只有一位男性的神，就像古代泛神论中的诸神之首一样，但他们已经不再步入婚姻了，更不用说一夫多妻了。

8

宗教与传统：天堂在上，健康在下？

Religion and tradition: health below or heaven above?

宗教与医疗

宗教经常因为给信徒灌输“死后会有美事发生”的想法而受到批评。但是宗教真的是通过提供来世这种手段来维系信徒的忠诚的吗？似乎很少有信徒热切期盼上天堂，不论他们有多么虔诚。我认为一个宗教是否能在实践中获得成功，取决于它在信徒遇到现世的各种生命威胁时能起到多大的保护作用。在历史上的大部分时间里，传染病是一个主要杀手，所以宗教如何应对疾病是一个至关重要的方面。

我们必须区分宗教的自然和超自然这两方面。大多数宗教为病人祈祷，此外，大多数宗教都举行仪式来预防感染或治疗疾病。这两件事都是为了让超自然力量介入，来帮助患者。宗教信徒可能认为这些程序是超自然的，并认为它们可以治愈疾病，即使它们不起作用。

在这些超自然力量之外，宗教也为信徒的健康提供了物质帮助，不管是有意还是无意。宗教仪式，例如那些隔离“不洁”的人，或通过清洗来去除不洁的仪式，通常对卫生有帮助。这些措施是有效的，即使这些事件的执行人可能并不清楚传染病是如何传播的，甚至无意阻止疾病的传播。无论是否披着宗教外衣，医疗救治、护理和卫生都会对患者有益。患者若能存活，那是件值得宣扬的事情，如果在医护过程中人们召唤过某个神灵，那么该神灵也会得到赞颂。

今天，在发达国家，宗教信仰日渐式微。其中一个可能的因素是，传染病在很大程度上已经成为过去，而宗教对心脏病和癌症几乎无能为力。神迹的医治是宗教的一个正式组成部分，它现在经常被人嘲笑，甚至也被那些去教堂的人嘲笑。仅仅提供道德指导和运气游戏的基督教教派正在失去其信众。尽管原始的光环仍在，但从很多方面来讲，身体的康复仍然是宗教的核“心”（或者是肺、肝）所在。毕竟，如果一个全能的神真的存在，神迹的医治应该不成问题。

与此同时，在许多第三世界国家，基督教取代了传统宗教。当人们看到自己的文明在预期寿命和婴儿死亡率等方面比不上欧洲文明时，许多人会得出结论，认为基督徒的上帝一定比他们自己的神更强大，然后他们改变了效忠对象。今天，基督教从信徒人数上说仍是最大的宗教。

信仰和期望

为什么有些灾难会动摇宗教信仰，而有些却几乎没有影响？期望值是一个主要因素。如果你总是在吃热狗和汉堡，那么吃牛排或龙虾会是一种享受。但是，如果你像现在的众多贫穷的非洲人一样，以玉米粉和青菜为食，那汉堡就是一种美味了。一切事物都是相对的。动物和人类不会对持续的刺激做出反应，而是会对变化做出反应，无论是温度、声音方面的变化，还是饮食、财富方面的变化。

如果你生活在一个婴儿死亡率超过50%、预期寿命仅30岁左右的社会，你肯定会习惯在年轻的时候就失去亲友。在中世纪的英国，孩子们在出生后的第一年里通常不会有正式的名字。那时的死亡率太高了，新生儿健康存活一年的机会都不高，所以家庭成员们会避免过分宠爱和重视这些小家伙。相反，在我们现代工业社会，预期寿命超过70岁，我们不希望儿童在成年之前死亡。当这种情况偶尔发生时，人们会非常难过。

当一种致命的传染病在人群中肆虐时，它对宗教信仰的影响取决于人们通常的预期寿命，以及他们对因传染病而痛失亲友的频率的预期。疟疾等疾病每年都在其流行的地区造成稳定的死亡数字，但这不会对社会造成冲击。地方病会被人看作自然生态的一部分，在人们眼中就像其他经常发生的自然现象一样，比方说冬季的寒冷，或是沙漠的荒芜。

相反，毒力强大的流行病的影响像地震或飓风一样。黑死病流行起来就像天启四骑士一样在社会中疾驰。半数的人在几周内死亡，尸体高高地堆起，让幸存者来不及去掩埋。社会进入集体休克。宗教信仰也面临威胁。人们可能会对他们的神失去信心，去寻找其他更强大的神明；或者，他们也可能会责怪自己的神职人员未能成功地为众生求情；第三种可能性是，神父可能会让人们相信是他们或他们的统治者犯下了罪，所以上天用黑死病的形式来惩罚他们。

人们对幸存的采集狩猎部落成员的观察说明了疾病和宗教仪式之间的联系。例如，大部分纳瓦霍人（Navaho）的仪式活动都与疾病有关，典型的纳瓦霍人会花醒着时间的 25%~30% 去进行宗教活动。在卡拉哈里沙漠的桑人（San）中，治愈舞蹈是最重要的仪式。萨满在舞蹈中进入精神世界，并恳求他们的神治愈病人，萨满也会赶走死者的恶灵，人们相信这些恶灵会用无形的疾病之箭射杀活人。

罗马宗教与流行病

在罗马帝国建立之前，曾经发生过一系列严重但不具毁灭性的传染病。罗马人对此的反应是转变信仰对象，从最初的罗马诸神转向了希腊的医药之神阿波罗，然后转向艾斯库累普[1]，再到许

1. 艾斯库累普（Asklepios），希腊神话中的医神。——译者注

癸厄亚[1]。后来，当罗马帝国被一系列灾难性的瘟疫摧毁时，整个希腊-罗马多神论的结构瓦解了。因此，150—500 年，罗马的人口从大约 100 万降至仅剩 6 万；250—500 年，在连续的流行病过后，帝国的人口下降了一半。

基督教在早期非常重视照护病患。毫无疑问，这种照护工作大大降低了天花、伤寒和疟疾等多种疾病的死亡率。虽然这些疾病可能会带来生命危险，但病人如果是在清洁、干燥、温暖、舒适的环境中，且有饮食供应，那么死亡率可低至 10%。同样的感染，如果人们对患者避之唯恐不及，让他们自生自灭，那么病患死亡的可能性要大得多。早期的基督徒与当时的很多人不同，他们愿意承担护理病人所带来的风险，因此人们也认为他们的神拥有神奇的治愈能力。黑死病则是另外一回事了。对于那些感染了黑死病的人来说，护理几乎起不到作用，埃博拉也是如此。此类暴发迅速、死亡率高的疾病证明了它们已经超出了人类或上帝的控制范围。

传染病和早期的宗教活动

如果我们像很多古代文明一样，把疾病看作罪恶的后果，我

1. 许癸厄亚（Hygieia），希腊神话中的健康女神。——译者注

们可能会把伊甸园解释为一段关于没有疾病的时光的记忆，那段时光在城市化传播一系列瘟疫之前。在《圣经》中，我们的祖先寿命极长。中东古国的记录中也夸大了早期王朝统治者的寿命。这是对英雄人物的一种夸张的描述，还是对过去的预期寿命确实长于现在的一种几乎被遗忘的记忆？

在古代，疾病常被当成某种鬼神侵入人体的结果。有的只是死者的灵魂在寻找新家，有的是邪恶的、带着恶意的灵魂或妖魔作祟的结果。今天，我们倾向于认为恶灵上身是对精神疾病的一种古老解释。这可能是因为，在我们的文化中，对大脑功能障碍的了解晚于对其他许多身体疾病的了解。但对于那些生活在很久以前的人来说，肿胀、黑斑和皮疹就像精神失常一样神秘。我们还应该记住，如果不及时治疗，许多传染病会引起发烧和神志失常，从而模糊了身体和精神状况之间的边界。

直到19世纪，伤寒、白喉和猩红热等疾病还被归咎于臭水沟和其他腐败物质产生的看不见的蒸汽。臭气熏天的不仅是穷人的住所：

> 我在伦敦一栋豪华房子的后楼梯上遇到了一股强烈的下水道气流，就像我在斯库塔里遇到的一样……
>
> ——弗洛伦丝·南丁格尔，《护理札记》(*Notes on Nursing*, 1859)

把患病归咎于散发着恶臭的蒸汽和将其归咎于通过巫术召唤

恶灵没什么区别，两者都模糊不清，肉眼不可见。今天，微小的细菌取代了看不见的神灵与鬼怪，它们通过空气或水传播，肉眼仍然看不见它们。

虫与蛇

原始人最早用肉眼可以看到的传染病形式是寄生虫感染。因此，从内部“毒害”人的蠕虫和通过咬人来毒害人的蛇被视为亲戚，两者也经常被用同样的词来表述。此外，蛇有时与魔鬼联系在一起，有时与药物联系在一起。这源于古代的观点，那时人们认为瘟疫或某种疾病属于某个特定的神。

与其说疾病是邪恶的，不如说治愈是好的。向世间降下瘟疫和消除它们都由同一个神左右，这个神用疾病作为对人类不服从的报复手段。虽然人们可以通过祈祷和献祭来哄骗大多数的神灵，但祈求降下疾病的神来移走疾病似乎是最合理的选择。因此，在许多古代文化中，瘟疫之神同时也是治愈之神。后来有了劳动分工，于是产生了只掌管治愈的神。例如，阿波罗既能降下瘟疫，又能收回瘟疫，后来这份责任由艾斯库累普继承，他只管治愈疾病这一方面。

苏美尔人、埃及人和古希腊人

在早期文明中，宗教和医学并不是泾渭分明的，古人会用宗教咒语治疗疾病，也会用我们今天概念里的医疗救治。公元前4000年左右建立了中东城市文明的苏美尔人通常认为，疾病是由三种主要的鬼魂引发的，即死者的鬼魂、真正的恶魔、人魔混血的鬼魂，个别疾病是由四处游荡的恶灵造成的，而大规模的瘟疫是由愤怒的神灵降下的。

尽管任何神都可以降下疾病，但内尔伽勒（Nergal）才是专家，他是苏美尔人的瘟疫之神。内尔伽勒象征正午炽热的太阳，他在埃及的对应者塞赫麦特（Sekhmet）也是如此。塞赫麦特是母狮神，把火焰喷向法老的敌人，她也被称为瘟疫夫人。底格里斯河和幼发拉底河流域以及埃及三角洲的沼泽地是农业和疾病的沃土。内尔伽勒实在是太忙了，他得靠14个助手（更准确地说是7对助手）来把热病带给人类。塞赫麦特也与神圣数字7有关，她的7支箭给人带去的是厄运，特别是疾病。

古埃及有好几个太阳神。除了至高无上的太阳神拉神（Re）之外，还有几个女神，她们各自代表太阳不同的一面。猫神巴斯特（Bastet）代表友好温暖的太阳。塞赫麦特代表的是正午的烈日。哈托尔（Hathor）是母爱之神，通常被描绘成一头牛的形象，她代表着能看见一切的太阳，也被称为“拉神之眼”，因此，她被拉神派去惩罚人类。随着拉神日渐老去，他开始担心人类密谋反对他。他派哈托尔下凡，去屠杀谋反的人类。哈托尔吸光人的血，这使得她变成了塞赫麦特。当然，太阳神和女神只是在白天工作，到了晚上，塞赫麦特就回到天上去睡觉。但与此同时，拉神和其他神都动摇了。如果人类被消灭了，谁来为众神献祭呢？于是，拉神让祭司们将红色染料注入 7 000 个酒罐中，再把红色的酒倒在沙漠里。第二天早上塞赫麦特下到人间时，以为红色的酒是血，就喝了个一干二净。喝得醉醺醺的塞赫麦特忘记了还要消灭剩下的人类，又变身成了善良、温和的哈托尔。

古埃及人的新年庆典在 7 月尼罗河泛滥之前举行，那时他们会试图安抚塞赫麦特，并想办法避开她的“7 支箭”。除了准备主要的祭品之外，人们还会准备许多酒。在随后的酒宴上，染红的酒会再次干扰塞赫麦特。这是一个很好的时间点。尽管尼罗河水位上涨对于农业来说有重要意义，但它同时也会传播疾病。连续几个星期里，缓慢流动的水会淹没河流经过的所有地方。引发痢疾和腹泻的细菌、病毒通过受污染的水传播，携带疟疾的蚊子在静止或缓慢流动的水中繁殖，而钉螺会传播引发血吸虫病的寄生虫。

在古希腊，阿波罗既是太阳神又是远射战神。与塞赫麦特相似，他的箭代表了瘟疫，但当他和儿子艾斯库累普、孙女许癸厄亚一起时，他会为人们治疗疾病。希腊人认为阿波罗射杀妇女的行为实在有失男子气概，所以他们率先将“男女平权”引入医学。阿耳忒弥斯是阿波罗的孪生妹妹，她通过随身携带的弓箭将疾病射向妇女。恶魔通过射出看不见的箭来传播疾病，这种很有普遍性的观念持续了几个世纪。在中世纪的英格兰，生病的动物被称为“精灵箭”，人们用使用圣水和吟唱圣歌的方式来治疗它们。

卫生和宗教纯洁

将疾病归结到灵魂层面的一个实际好处是，从宗教的观点看来，病人是不洁净的。在《圣经·利未记》中，宗教不洁本身被认为至少部分是具有传染性的。因此，仪式上的经期妇女被认为会将她们的“不洁”传播给接触到她们的人。在这里，我们再次看到了“灵魂”状态和感染之间的重叠。那些被认为是不洁的人经常被隔离或排斥在社会之外，直到他们的症状消失（或他们的灵魂康复）。隔离虽然通常都很残忍，但却大大减少了传染病的扩散。由于在古代大多数人死于传染病，隔离在总体上来说是有益的。

苏美尔人认为死者的灵魂虽无家可归，但它们不一定有恶意。他们认为疾病往往是因为给无家可归的灵魂提供庇护场所而导致的不幸，而非因为故意犯罪。后来的闪米特文化比较严苛，对病人的容忍度更低，疾病被他们视为神的惩罚，和罪恶交织在一起。有时是个人有罪，有时是父母、部落或整个国家有罪。后来就变成罪恶必然存在，祭司的职责就是去揭露它，并把责任推到某些人身上。

在基督教会发展的过程中，也发生了类似的转变，态度从较为宽容转变为严苛。大多数早期神父相信，因为恶魔是邪恶的，所以它们会攻击基督徒，甚至是无罪的基督徒。就像圣奥古斯丁（354—430）所说的：“基督徒的所有疾病都是这些恶魔带来的，它们主要折磨那些刚受洗礼的基督徒，甚至是那些无罪的新生儿。”这样，无论是在世俗还是在精神层面上，照护病人就是对抗鬼魔，是值得称赞的事。

后来，教会认为疾病更多是来自上帝的惩罚。这有时会导致行为走向极端，即认为通过非宗教手段治疗疾病是在亵渎神的权力，因此，这种行为本身就是有罪的。这种态度有时会产生灾难性的影响。即使在1885年蒙特利尔天花流行期间，天主教会也反对接种疫苗。菲利亚特罗神父表达了教会的官方观点：“如果我们患了天花，那是因为去年冬天我们举行了一场狂欢，我们的肉体得到了尽情的享乐……上帝把天花给了我们，是为了惩罚我们的骄傲。”最终，不断上升的死亡人数促使教会改变了立场。

这些态度背后有时隐藏着经济动机。例如，在1547年，教皇利奥十世出售带有十字架和铭文的赎罪券，“亲吻它的人会得到7日的保护，在此期间不会生病、中风或突然死亡”。公平地说，当时大多数世俗的补救措施也有许多不足。哈布斯堡王朝鲁道夫二世（1552—1612）的御医拿出的对付腺鼠疫的处方是：“干蟾蜍、鸡肉粉、少女的经血，以及来自东方的砒霜、珍珠和绿宝石，将这些混合在一起烤成蟾蜍蛋糕，然后放在护身符里戴在心脏旁边。”

宗教改革通过恢复早期教会神父的工作职责，并强调疾病来自撒旦而不是来自上帝的认可，极大地改善了情况。当人们认为吃药是有罪的时候，路德问：“饿的时候，如果有肉，难道你会不吃吗？同样的情况，你也可以使用药物，因为这是上帝的礼物……”

保护生者免于死亡

疾病给我们的祖先带来了一个棘手的技术问题：如何处理尸体？最早的采集狩猎部落成员经常迁徙。他们是把尸体埋葬在自己的领土内，还是把尸体留在一个神圣的洞穴里，或者仅仅是把尸体抛弃，这些都已消失在时间的迷雾里。后来，随着农业的发展，人类在某个地方定居，这个问题才开始逐渐变得重要起来。尸体是传染病的一个来源。人类最早的社区开始埋葬死者。在早期的城市里，死者通常被埋在住房的地板下面。

恰塔霍裕克（Çatalhöyük，位于现在土耳其的中部）是世界上第一个真正的城市。9 000 年前，这里有几千名居民，他们住在几百座砖制房屋里。这座城市延续了 2 000 多年，在青铜器时代之前消失了。它显然是当地新石器时代文化的中心，尽管人们还不了解它的政治关系、语言和宗教。在恰塔霍裕克，位于人们居住区地板下的墓穴中的 60 多具尸体被发现。这些尸体被紧紧地折合起来，膝盖靠近胸部，坑也被灰泥填塞。一些坑后来又被重新打开，以放入更多的尸体。虽然这比把尸体扔在街头要好，但把尸体埋得离人们居住和做饭的地方太近并不是一个理想的选择。然而，许多传染病是在农业文明使人口密度增大之后才出现的。恰塔霍裕克作为城市刚刚兴起的时候，现今的流行病尚未出现，所以把死者埋在地板下面还是相对安全的。

随着城市越来越多，传染病的发病率越来越高，尸体逐渐成为公共卫生的一个负担。结果是，死者被埋葬在与生者保持一定安全距离的地方，村外或城外的墓地成了标准。后来，火葬在一些社会里流行开来。有的骨灰被置于骨灰盒中，有的被掩埋起来，有的被撒向四方。无论是火化还是掩埋，死者都不再是制造感染的焦点了。这些活动都被披上了宗教的外衣，配上了宗教的说法。原始社会的成员时常担心最近去世的人的灵魂会回来伤害他们，为了避免这种情况，死者被妥善地埋葬或火化。在当代文化中，人们提到鬼魂时会想到叮当作响的锁链和闹鬼的城堡，但最初的问题是，如果没有妥善的处理，尸体会对公众健康造成危害。随着时间的推移，围绕着像下葬这样的程序举行的仪式变得越来越复杂，但避免疾病传播始终是一个关键问题。

在许多早期社会里，接触尸体会导致仪式变得不洁。要实现净化仪式，则要通过清洗等手段，通常随后还会安排一段时间的隔离。这与公共卫生的相关性是显而易见的。因此，许多宗教仪式，特别是那些净化仪式，对卫生方面是有正面意义的。

把恶灵引到动物身上

我的一个学生曾说，你把感冒传染给越多的人，你就恢复得越快！虽然这是一个玩笑，但原始文化无疑已经发现，当一个人康复时，其他人就会生病。公认的解释是恶灵从一个人身上转移到另一个人身上了。所以，应该把恶灵转移到动物身上，从而打破人类之间的传染链条，没有什么会比这更明智了。即使在今天，西非埃维（Ewe）部落的人还是把致病的恶灵转移到鸡身上，然后用扫帚把鸡赶走。

《圣经》中讲述了替罪羊的仪式。人们抽签选出一只山羊并把它送给住在旷野中的恶魔阿撒泻勒（Azazel）。祭司将手放在山羊头上，把以色列人的罪传到羊身上。这样的转移会玷污替罪羊，于是人们不能再将其献祭给神，而是将其驱赶到沙漠里。特别值得注意的是，在赶走替罪羊之后，祭司被要求立即脱下法衣并洗净身体（利未记 16：20—25）。请注意，这是利用动物赶走疾病，而不算是献祭。人们不会杀掉接收致病恶灵的动物，因为它们的作用是把恶灵带去遥远的地方。

在其他中东文化中也存在着类似的仪式，它们将罪孽或不洁转嫁给动物，然后再将其驱逐。在古代，疾病被看作神不高兴时的一种表现，感染和罪孽往往密不可分。虽然《圣经》中的替罪羊背负着“罪与罚”，但我们应该记住，对罪恶的惩罚往往就是瘟疫。

据古代赫梯文献记载，“如果瘟疫感染了军队或赫梯的土地”，就要举行这样的仪式：准备两种动物，一头公牛和一只母羊——第一种是假设传播瘟疫的是男神，第二种是假设传播瘟疫的是女神。人们用彩色的羊毛给替罪牛和替罪羊做上记号，然后很聪明地把它们赶进敌人的领土。这里是不是有种生物战开端的意味？

赫梯人是闯入中东的印欧入侵者。他们到底是从中东闪米特族那里学来了使用替罪动物的办法，还是他们为中东引进了这种办法？有趣的是，同样起源于印欧语系的古印度吠陀文化也会举行类似的仪式。他们把致病的恶灵转移到动物身上，不像赫梯人和以色列人要举行官方的集体仪式，他们使用普通人能够负担得起或捉得到的小动物。例如，引起发烧的恶魔塔克曼（Takman）经常被人们驱赶到一只青蛙的身体里，然后青蛙就跳走了：

> 向狂暴、颤抖、激动、冲动的塔克曼致敬！向冷酷的塔克曼致敬，向过去满足欲望的塔克曼致敬！愿塔克曼明日可以回归，两天后可以回归，把对神不敬的那个它，传进这只青蛙！
>
> ——《阿达婆吠陀》第 8 章第 116 节

在《奥德赛》中，当荷马提到奥德修斯患有长久性疾病时，他使用了“虚度年华”这个词，写作“tekomenos”，这个词与《吠陀经》中的“Takman”非常相似。虽然历史学家有时猜测“tekomenos”指的是疟疾或结核病，但是无法确定。

适于穷人的廉价仪式

在古代，很少有人能买得起肉吃，除非是特殊场合需要。多数患病的人也买不起昂贵的、用于驱除恶灵仪式的动物。亚述人，可能还有大多数其他中东人，针对这种仪式设计了自己的素食平价版本。在这种“低配”仪式中，祭司在病人身上涂抹面粉，然后面粉会被擦掉并被扔进火里。这意味着吸收了不洁或恶灵的面粉被火烧毁了。最后，祭司再给病人洒水净身。

在中国明朝，人们认为发烧是由恶灵引起的，就用一种相似但更粗暴的仪式来驱魔除病。施法的人给病人吃一片朱砂和用蜂蜡粘在一起的有催吐效果的植物种子，然后生起火，在病人四周撒上煤渣。当催吐剂开始起作用后，病人会把呕吐物吐到火里。当火吞噬呕吐物时，施法的人在火堆上画一个有魔力的记号，这样恶灵就被杀死了。

更激进的做法是在头骨上开洞。这种手术早在青铜器时代就已经存在了，被称为环锯术。最初环锯术是用在尸体上的，大概是为了帮助死者的灵魂更快地进入来生。后来它被用在活人身上，为的是让恶灵有个可以离开的路径。值得注意的是，许多病人在手术后居然活了下来，从他们头骨上的洞周围的愈合痕迹看得出，他们死于其他原因。到了希波克拉底生活的时代（约公元前 400 年），人们用环锯术治疗头骨有瘀伤或骨折的人，这些人大部分在战争中受过头部重击。直到 19 世纪，某些原始部落仍用环锯术治疗痉挛或慢性头痛病例，钻一个孔以使恶灵离开。感谢阿司匹林吧！

吸血鬼、狼人和大蒜

今天人们在电视上看到的“恶灵”主要是狼人和吸血蝙蝠。

很多人认为，至少那些通过电视获取医疗知识的人会认为，大蒜可以抵御这些黑暗力量的侵袭。然而，可悲的是，现代恐怖电影中的角色忘记了如何正确地使用大蒜。特别是洋葱和大蒜，它们含有大蒜素和相关难闻的硫化物。尽管有口臭的风险，但我们还是应该吃大蒜，而不是把它成串地挂在女主角的卧室里。大蒜素是一种有效的抗菌剂，特别是它能治疗阿米巴痢疾。在古代，大蒜被广泛应用于驱赶引起肠道紊乱的“恶灵”。这些以各种各样的形式再现于民间故事和好莱坞的传奇中。

在8世纪的日本，大量食用洋葱和相关蔬菜来对抗腹泻不仅是一种民间疗法，而且在国家的官方指令中也被推荐。737年，日本天花大流行。纪朝臣（官职为右大弁，正四位下）发出的指令是这样要求的：“若腹泻止不住，取青葱，煮熟，多食。”（注意，腹泻是由虚弱的天花病人的继发性肠道感染引起的。）大蒜素对肠道感染很有效，因为它不容易吸收，大部分会留在肠道内。

神的惩罚与个人正义

谁应该为罪恶或罪行受到惩罚？是只惩罚罪犯，还是连带着也要惩罚他的家人？古代文字记录给人的印象往往是非常不公正的，因为无辜者常和罪犯一起受到惩罚。许多古代的法典揭示了一个明显的矛盾。由人类的官方机构执行的大多数惩罚都是针对罪犯个人的。于是《圣经·申命记》(24：16)会这样要求："不可因子杀父，也不可因父杀子。凡被杀的都为本身的罪。"与之相悖的是，在《圣经》和其他古代文化中，当神亲手惩罚某个人时，通常会在惩罚罪犯的同时，也一并惩罚他的家人、仆人甚至家畜。

如果我们记得传染病曾被认为是神惩罚人类的一种手段，那么这个悖论就很容易理解了。这是一个通过观察可以发现的简单事实，即感染会神秘地出现，通常会影响几个密切接触的人。如果神用一种致命的传染病攻击了一个人，他的妻儿也很有可能被传染。在《圣经》中，神的惩罚通常是为那些罪行不为人知的人准备的，如果上帝没有发现他们的罪行并采取行动，这些人就不会受到惩罚。《利未记》要求那些没有被人类祭司察觉的不洁之人自愿献祭。意思是他们可以隐藏罪行，但是如果上帝介入的话，惩罚会更加严厉。这对做了坏事的人来说是一个让其承认罪行的强烈诱导，即使罪行尚未完成。不幸的是，这种思考方式导致了这样一种信念，即那些被感染的人一定隐藏了自己的罪行，更糟糕的是，之前有认罪和自愿献祭的机会，但是这些人拒绝了。

虽然比起多神教，一神教通常被认为是一种进步，但从医学角度来看，它却是一种倒退。认为是各种各样的恶灵造成感染的观点更接近疾病微生物理论，而不是后来出现的将结果合理化的倾向。在一神论下，尽管缺乏证据，人们还是认为那些疾病的患者秘密地犯下了罪行。相比之下，多神论通常认为病人是不幸的受害者，而非作恶者，是某个路过的恶魔害了这个人。因此，对病人的治疗也更加人性化。实际上，即使在一神论社会，普通人也倾向于保留多神信仰。驱魔难道比犯下看不见的罪行更缺乏理性吗？在欧洲中世纪，受过教育的当权者认为疾病是四种体液（血、痰、胆汁和黑胆汁）不平衡的结果，普通大众对传染病持有一种“原始的”信念。

中世纪，在官方一神论和社会流行的多神论之间出现了另外一种令人不安的折中方案：巫术。当人或牛流产或是生出有遗传缺陷的后代时，或是当发生传染病或食物中毒时，特别是当发生的症状不常见时，巫术常常被认为是罪魁祸首。将这样的不幸归咎于巫术，就相当于宣告受害者无罪，受害者还保持对万能的上帝的信仰。虽然这种虚伪的手段使患者和穷人在遭遇不幸时免于受到指责，但这也暗示，需要追捕正潜伏在某些地方的女巫——一种新式替罪羊就这样诞生了。

基督教的兴起

正如本书前面所讨论的，大约公元前500年时，第一批主要的人口中心变得足够大，大到足以使致命的流行病可以发生。这一时期可能出现过几次无文字记录的大型人口崩溃。在这一时期和之后的一段时间，宗教领域发生了重大变化。地方城邦和生育崇拜消失了，取代它们的是被贵族和平民、城市人口和农村人口所共同信仰的宗教。我在第 7 章中论述过，性行为传播疾病的出现对人们脱离生殖崇拜起了重要作用。

古典文明衰落并被基督教取代，这是欧洲历史上最重大的文化变革之一。罗马帝国的崩溃和传统多神教信仰的丧失是两大主要因素。基督教是在人口过密、瘟疫发生的时期发展起来的。罗马帝国的成功推动了领土扩张和人口增长。特别是通过罗马著名的道路，人口密度和交通便利性都得到了显著提高。这些因素都加剧了传染病的发展和传播。

疟疾杀死了大量人口，这极大地削弱了罗马帝国的力量。随后暴发了几次大规模的瘟疫，最后黑死病使局势更加恶化。这些问题既影响农业生产，又影响军队征兵，从而导致了政治的衰落。古典宗教没能治愈病人或阻止瘟疫蔓延，这让许多人对传统宗教的神失去了信心。为什么基督教会在这个历史热区取得胜利？为什么不是在多神教中增加一些能够治病疗伤的新神？为什么没进行母神崇拜？为什么不是密特拉教？

我们对历史上的失败者总是知之甚少，而且所了解到的信息也多是带有偏见的。想必其他宗教都以某种方式的失败告终，尽管我们只能猜测它们是如何失败的。

在《罗马帝国衰亡史》一书中，爱德华·吉本列举了早期基督徒的热情、他们对未来生活的信条、纯洁且朴素的道德规范，以及一些其他的原因。近来，丹尼尔·里夫（Daniel Reff）在 2005 年出版的《瘟疫、牧师与魔鬼》（*Plagues, Priests and Demons*）一书中，将基督教传入欧洲时的人口崩溃与西班牙人进入美洲大陆时的人口崩溃进行了比较，他认为流行病是“最强大的传道者”。

值得称道的是，基督教确实解决了疾病问题。基督教的福音非常强调对病人的医治，早期的基督徒以关爱病人而闻名。神迹的医治是早期基督教不可分割的一部分，它不仅是理论，也是实践。即使我们假设奇迹是不存在的，我们还能解释基督教面对古代流行病时的成功吗？我想是的。

首先，我们要记住，没有人指望早期的基督徒能治愈断腿或是肿瘤。其次，早期的基督徒坚信自己未来会上天堂，他们觉得自己在尘世间的生活只不过是一个暂时的插曲。因为他们相信有来生，所以他们也愿意帮助病人，愿意承担那些非信徒避之唯恐不及的风险。

我认为关键是基督徒关心病人。即使是严重的传染病，也很少能达到近 100% 的致死率，天花和伤寒等疾病会导致 10%~50% 的患者死亡。致死率在一定程度上取决于引起流行病的微生物菌株，然而，患者是被扔在一边听由天命还是得到悉心照护，也会对他们的实际存活率产生很大影响。一个基督教社区里的感染了致命传染病的成员，会比这一群体之外的人得到更多治疗的机会。因此，他们存活下来的可能性要大得多。此外，对于那些因疾病而痛失家人的不幸之人，教会给了他们一个新的家。

到 4 世纪，基督教蓬勃发展。它在女性中，通常是在那些来自上层社会的女性中尤其受欢迎。法比奥拉（Fabiola）是一位来自罗马显赫家族的寡妇，她在罗马的港口城市奥斯提亚（Ostia）建立了世界上第一家免费公共医院。法比奥拉先是前往圣地，加入了基督教学者杰罗姆（Jerome）的行列。杰罗姆在几位富有的女性宗教活动人士的帮助下，将《圣经》翻译成拉丁文。然而，匈人闯入中东，杰罗姆和他的伙伴们逃到罗马。回国后，法比奥拉组织其他富有的女性创办了一家医院，她们不仅捐款，还投入到医疗和护理工作中。法比奥拉还亲自到街上收治穷苦的病人，胆小鬼可完成不了这个任务。杰罗姆说："一看他们的手臂就知道是得了麻风病，他们肚子肿胀，大腿僵硬，腿水肿……他们的肉被侵蚀了，腐烂了，上面还有小虫子在蠕动……"

法比奥拉逝世于 399 年，后来她被封为圣徒。如果了解到这些基督教女教徒的积极贡献和个人勇气，早期基督教能够获得尊重就不足为奇了。普通基督徒生存能力的提高，以及那些因护理他人而死的基督徒的真诚，极大地提升了基督教在公众中的声望。没有人真的想死，即使是那些相信来生的人。治愈的方法是否是神迹并不是问题的关键——它们都被归于基督教的功劳。

科普特教派和疟疾

科普特教派是一个以北非为中心的基督教教派。他们最早的宗教文本是用科普特语写就的，这是一种源自古埃及的语言。后来，科普特人也用希腊语写作。尽管现代基督教不愿承认，但这些早期基督徒所做的事情只能被看成一种巫术。他们在纸莎草纸上写咒语，然后把纸折成长条，作为护身符戴在身上。这通常是为了保护戴着它的人免遭疾病侵害，而且这些人不仅祈求耶稣基督，还祈求其他各种各样的圣徒，犹太教中的魔鬼也常常是祈求的对象。

下文是一个5世纪的咒语的部分内容，原本写在一个写着希腊语的护身符上（发现于俄克喜林库斯，今埃及明亚省境内），目的是保护一个叫乔安娜的女人不发烧（毫无疑问，为防疟疾）：

> 逃跑吧，恶灵！基督追赶你，神的儿子和圣灵已经追上了你。牧羊神啊，求你救你的女仆乔安娜逃离一切的恶……耶和华、基督、永生神的话语和孩子啊，能够医治一切疾病的主啊，也请医治和照护你的仆人乔安娜，阿纳斯塔西娅，或者叫尤菲米娅，请为她赶走发烧，使她摆脱所有的寒症——日发疟、间日疟、三日疟——以及所有的邪恶。

类似的咒语一直被用到了11世纪，里面通常包含来自中世纪犹太卡巴拉（Cabala）的魔法配方，混合以更为正统的基督教术语。这些咒语说明了疟疾和巫术对北非基督徒的重要性，它们也证实了早期基督教在很多方面是一种治疗崇拜。

中国汉末的道教

在基督教时代前的几个世纪，连续暴发的流行病削弱了罗马帝国，类似的进程也发生在欧亚大陆的另一端。早期的华夏文明集中在北方温带，尤其是黄河流域。从170年开始，中国北方的黄河流域发生了洪灾和大规模的瘟疫，导致人口急剧减少，随后爆发了农民起义和政治动乱，这些使得汉朝在220年崩溃了。

正像基督教从罗马世界的混乱中脱颖而出一样，在分崩离析的汉朝领土上出现了一种以道教为基础的救世宗教。184年，“太平道”的武装力量已经有了数十万人。首领是张角，他声称自己具有治病救人的能力。这些道士崇拜黄老，即传说中的黄帝和被神化的老子，老子是道教的祖师。这些道士还相信疾病是罪恶之果，在春分和秋分时，他们会给人发放用于医治疾病的护身符。与基督教不同，这种救世主式的道教没能存在多久，来自印度的佛教在接下来的几个世纪里取代了它。

佛教和天花在公元后第一个千年的日本

735—737年，一场大规模的天花席卷了日本。在天花流行之前，732—733年，日本发生了一场饥荒，这无疑使人们的抵抗力降低了。虽然人口稀少的地区几乎没有受到影响，但一些人口密集地区的死亡率高达70%，甚至更高。日本的总死亡率可能至少是30%。天花在4世纪或更早的时候曾在中国肆虐，并在5世纪中期被传播到朝鲜半岛。它可能是从朝鲜半岛传播到日本的。最早的记录发生在大宰府的港口，大宰府位于日本海岸，与朝鲜半岛相对。

日本人口的减少导致了税收、农业和土地所有权方面的几项重大改革，对宗教也有很大的影响。圣武天皇是接受儒家教育长大的。在他统治的初期，佛教从印度经中国大陆传入，日本容纳了佛教，但也对它进行了严格的管控。当饥荒来袭时，圣武天皇觉得自己有责任，他表示，河流干涸和五谷歉收都是掌权者无德所致。

当天花来袭时，圣武天皇更加确信自己应该受到责备，他认为，不幸的事件接踵而来，厄运的征兆依然没有被消除，这些恐怕是自己的责任。为了应对危机，圣武天皇捐出大量资金，并下令在日本各地修建佛教寺庙。尽管有大量纳税的国民死于这场瘟疫，日本经济已经摇摇欲坠，但他的女儿孝谦天皇还是以他为榜样行事。和她对应的人是在罗马的法比奥拉，她们同样非常关心病人。但不幸的是，她过多的捐赠加速了国家的破产。尽管有这些不幸的经济副作用，佛教仍然超越儒家思想，发展壮大。

中世纪欧洲和黑死病

黑死病尤其可怕。与大多数传染病不同的是，护理工作对黑死病的致死率几乎不会有任何影响。在抗生素出现之前，任何治疗方法都没有改变腺鼠疫的致死率（60%~70%）和肺鼠疫的致死率（99%）。前面已经说过，在2世纪和3世纪的罗马大瘟疫中，基督教徒做出了很大贡献，因为护理工作大大降低了致死率。然而，无论是护理还是祈祷，都无法阻止黑死病的无情蔓延。

黑死病对宗教的影响是复杂的，在某些方面也是矛盾的。教会无力阻止瘟疫，也无力治愈病人，这导致大量信徒丧失了信心，与其说是对上帝丧失了信心，不如说是对宗教机构丧失了信心。公平地说，虽然许多高级神职人员逃走了，但普通神职人员的高死亡率表明，他们中的大多数人直到生命的最后一刻都在履行自己的职责。当时的许多作家，包括威廉·朗格兰（William Langland，1322—1400），都觉得高级神职人员并无价值。作为一个反教权主义者，朗格兰认为高级神职人员的俗气是对神圣教会的威胁，他说："所以说，这些高级教士被他们的财产限制住了，我们需要一种足够强效的解药来改良他们。"14世纪的教育很大程度上处于教会的控制之下，医生是由教会教育并颁发执照的。因此，药物治疗腺鼠疫的失败也与教会有关。

与罗马时代不同的是，中世纪的欧洲没有一个可行的替代宗教在等待接替基督教的机会。其结果不是一种外来宗教的渗透，而是基督教自身内部的权力分裂。其影响之一是，人们对一些之前默默无闻的圣人再度疯狂崇拜，因为觉得是这些圣人治愈了腺鼠疫患者。大量的捐赠涌向了教堂，围绕着这些治愈病患的圣人还形成了新的宗教团体。在某种程度上，这是罗马人和希腊人的多神教的回归，那时有许多神和女神在神学市场上兜售着各自的商品。但是在基督教范围内，有的不是自主的神和女神，而是各种各样的圣徒。许多普通人相信上帝不悦的原因大概是现在的教会或基督徒在某种程度上是不纯洁的和腐败的。针对犹太人、放荡的妇女、麻风病人和其他被排斥群体的暴力事件时有发生，有时这些人被指控传播瘟疫，有时他们被指责污染了社会，从而导致上帝降下了愤怒之火。

从长远来看，黑死病对宗教的最大影响发生在接下来的两个世纪里，而且这种影响是间接影响。它动摇了封建制度，解放了西方社会。人力的缺乏引发了机械化，人们更乐于接受新发明，例如印刷术。封建制度的崩溃刺激了民族主义的发展，这反过来又导致地方统治者抵制教皇的集权控制。因此，16 世纪早期路德的宗教改革得到了广泛的支持，尤其是在欧洲北方国家。最典型的例子当然是亨利八世，他脱离了天主教，建立了英国国教。当梵蒂冈的垄断被打破后，宗教自由就可以顺畅发展了。渐渐地，现代的议会民主和工业化出现了。

伦敦大瘟疫

1665 年的大瘟疫是最后一次在伦敦肆虐的腺鼠疫。虽然情况远没有 14 世纪时那么糟糕，但仍然非常可怕。政府组织了公开祈祷，并设定了斋戒和忏悔的日期。教堂里挤满了恳求上帝停止瘟疫的人。17 世纪，英国的基督徒分为两种：忠于英国国教的教徒和异议者（清教徒、长老会教徒和其他非国教教派的教徒）。危机期间，他们在彼此的教堂里一同祈祷。瘟疫过去后，各教派之间的隔阂又逐渐出现。

在瘟疫暴发的早期，伦敦到处都是算命师和占卜师，只要花一点小钱，他们就可以告诉你你在瘟疫中幸存的机会是大还是小。这些以赢利为目的的预言家，不知不觉间与另外一些人融合在了一起，其中包括自称掌握神奇疗法的江湖骗子和冒牌医生，他们兜售更"科学"的"万无一失"的秘方。许多伦敦人开始佩戴符咒和护身符来抵御那些引发瘟疫的恶灵。这些护身符与早期科普特基督徒所使用的护身符非常相似，包括一些神奇的咒语、黄道十二宫标志，以及耶稣会士的标志 IHS（拉丁语"Iesus Hominorum Salvator"的简写，意为"耶稣，人类的救世主"）。

基督教信仰在工业化的欧洲失势

人们有一个普遍的误解，尤其是在美国，认为知识分子带领人们远离了宗教。事实正好相反，早期的知识分子通常也是宗教机构的追随者。谁掏钱，谁说了算。到达尔文提出进化论的时候，宗教组织已经失去了控制权。在英国这个世界上第一个工业民主国家里，首批集体抛弃宗教的是城市工人阶级。随着工业化的发展，大量人口从农村流入制造业城镇。这些迁入的人大多来自农村地区。在那里，宗教活动是社区生活的重要组成部分。而当这些人在城镇定居时，他们往往会把宗教抛在脑后。

乡村居民有一种社区意识，而郊区的中产阶级看重体面。两者都对宗教的维系起到了重要作用。但也有其他因素在起作用。居住条件过度拥挤的城市贫民最容易受到传染病感染。因此，最容易沦为腺鼠疫和瘟疫受害者的那群人放弃了一个似乎越来越无效的宗教。农村人口分布较为分散，当传染病在城镇中传播时，农村贫困人口往往不会遭受最严重的影响。越富裕的人生活空间越宽敞，卫生条件越好，因此他们在面对传染病时付出的代价也越小。在教区教堂里一起祈愿瘟疫散去的村民们，他们的祈祷也常常应验。相比之下，当那些住在城区的穷人去教堂做礼拜时，他们受感染的概率和去其他地方时一样高。不断增加的人口和城市化所造成的拥挤，助长了工业化时代的大流行病。因此，城市工人阶级与传统宗教之间产生了隔阂。

清洁与圣洁平起平坐

我们不应该再听信“神秘的天命”和“灾祸及瘟疫”全部掌握在上帝手中这种说法了。像我们所知道的那样，上帝已把它交给了我们。

——弗洛伦丝·南丁格尔,《护理札记》

在19世纪和20世纪，科学技术进入了对抗传染病的阵地。干净的水、下水道、抽水马桶、卫生纸、肥皂、防腐剂、温暖干燥的房屋和更好的营养，所有这些都减少了传染病的传播。19世纪末，路易·巴斯德宣称："现在人类拥有的力量足以使所有的寄生虫病从世界上消失。"

虽然这有点盲目乐观，但在延长预期寿命和改善总体健康状况方面，人类已经取得了骄人的成绩。基础建设本来已对传染病发起了一波猛攻，19世纪晚期的疫苗接种、20世纪中期抗生素的发现又连续重创了传染病。如今，在发达国家，人的预期寿命几乎是19世纪初的两倍。

宗教没能击败流行病，而科学在宗教跌倒的地方成功了。在治愈病患方面，宗教失去了垄断地位，医学变成了一个独立的、世俗化的职业。在现代以前，宗教组织小心翼翼地捍卫着治疗和控制生死的权力。今天，即使是那些仍然信仰宗教的人，在生病时也一样会去看医生。我们有时听到人说："医生像上帝一样。"虽然这句话的本意是戳穿一些行医者的自大浮夸，但这里有一个更深层次的真相，那就是，只要建立在科学之上的医学是有效的，那么，今天许多人就不再需要超自然力量的帮助了。

9

枪炮与病菌：征服新大陆与奴隶制

Guns and germs: conquest of the new world and slavery

末次冰期的遗产

在末次冰期的时候，亚洲和北美洲之间的白令海峡成为连接这两个大洲的陆桥。经由这座陆桥，亚洲原始部落迁徙到北美洲，继而向南扩散。随着地球再次转暖，冰层消退，美洲和亚洲在大约 1 万年前中断了陆上联系。于是，在大约 1 万年间，美洲大陆的居民一直与其他大陆的人类没有往来。而正是在这一段关键的时期，大多数的流行病在旧大陆出现了。

大约 500 年前，葡萄牙人和西班牙人发现并征服了美洲，其他欧洲海军强国不久也接踵而至，新旧大陆的人群恢复了联系。其结果是人类历史上规模最大的一次人口崩溃。在与旧大陆接触后的 100 年里，美洲大陆原住民人口因为流行病而减少了约 95%。尽管欧洲侵略者造成了一些战争伤亡，但绝大多数死亡是由传染病造成的。美洲原住民在那之前从未接触过在欧洲传播的疾病，因此他们成批地倒地而亡。历史学家疑惑，如果没有传染病的帮助，欧洲人的征服是否会成功？欧洲人有没有故意传播流行病？宗教在应对输入性流行病中扮演了什么角色？生物学家则想知道，为什么没有一种美洲疾病能够消灭欧洲或亚洲 95% 的人口？以及，与旧大陆接触前的美洲人患有哪些疾病？

与旧大陆接触之前的新大陆

从生物学的角度来看，有两个突出的问题值得注意。首先，与旧大陆接触之前的美洲明显缺少重大的流行性传染病。第二，尽管美洲文明在技术上仍处于石器时代，但其已经产生了非常密集的人口，尤其是在中美洲。有些记载显示，阿兹特克人和印加人的社会几乎没有重大的流行病，在与欧洲人接触之前，他们的寿命异常地长。还有一些资料记载了重大的流行病，但它们通常发生在饥荒之后。

考古数据表明，哥伦布时代之前的美洲人预期寿命很短，在玛雅帝国早期大约为 24 岁，此后逐渐下降。这些推测出的数值甚至比中世纪欧洲的还要低，从而带来了一个问题：在哥伦布时代之前，美洲人的主要死因是什么？中美洲稠密的农业人口过度依赖玉米作为主食，并因为肉类和新鲜蔬菜的短缺而忍饥挨饿、营养不良。因此，他们对各种肠道疾病和呼吸道疾病的易感性大大提高。过度拥挤和恶劣的卫生条件也是其中的原因。

与旧大陆接触之前的美洲有几种严重的虫媒感染病，包括南美洲锥虫病、利什曼病、卡里翁病、莱姆病、落基山斑疹热。这些疾病都是由原生动物或细菌引起的，并且受到携带它们的昆虫的限制。美洲没有能够人传人的严重病毒性疾病。尽管难以置信，但这似乎得到了事实的证实——没有来自美洲的流行病摧毁欧洲。美洲人带来的唯一严重疾病似乎是梅毒。尽管梅毒是一个严重的问题，但它不像天花、麻疹、流感一样致命且传播迅速。与旧大陆接触之前的美洲也存在肺结核（也许还有斑疹伤寒）。

我们几乎没有关于当时美洲婴儿死亡率及死亡原因的信息。有几种呼吸道和消化道感染能杀死婴儿，但它们对成人只有轻微影响。它们可能在美洲流行，并被带回了欧洲，加入了已经在欧洲流行的大量类似感染中，但没有引起太多关注。

美洲本土的传染病

通过对哥伦布抵达之前的美洲热带地区的尸体进行尸检，人们发现，这些尸体内寄生虫和原生动物的侵扰程度为中等。然而，非洲、亚洲的热带地区的居民受寄生虫的困扰通常比与旧大陆接触前的美洲人更多。尤其是，三种最可怕的热带疾病——疟疾、昏睡病、黄热病——不见于美洲。

南美洲锥虫病只发现于南美洲，其病原体是原生动物克氏锥虫，它是引起非洲昏睡病的锥虫的近亲。南美洲锥虫病会引起发烧、发冷、肌肉疼痛、流鼻血等症状。许多人在这个初始阶段后会康复，但另一些患者会发展成内脏器官的慢性疾病尤其会危害消化道和心脏。现在，约有 1 700 万拉丁美洲人感染了这种病，每年约有 5 万人因此死亡。科学家在几千年前的木乃伊中发现了克氏锥虫的特异 DNA 序列，这些木乃伊来自位于秘鲁和智利交界处的阿塔卡马沙漠，大约 9 000 年来，这个地区一直是智利和秘鲁的印第安人的墓地，他们将死者埋葬在浅墓中。阿塔卡马沙漠非常干燥，太空科学家用它来模拟火星。埋葬在那里的尸体会变干，然后被保存下来，尽管人们并非有意要把这些尸体做成木乃伊。那里约有 25% 的木乃伊经南美洲锥虫病检测呈阳性，相比之下，现代智利人口的阳性率为 10%~15%。

传播南美洲锥虫病的病媒生物是锥蝽。这是一种约 1 英寸长的吸血害虫，生活在房屋的墙缝中，在晚上出来活动，从人身上吸血。这种害虫的粪便会感染它吸血所造成的伤口，继而传播南美洲锥虫病。查尔斯·达尔文很可能是在他著名的乘“小猎犬号”环绕南美洲的航行中感染了南美洲锥虫病，这使他落下了部分残疾。可能是这个原因导致达尔文不得不居家撰写《物种起源》，而不是继续投身自然，去世界各地探险。

另一种由昆虫传播的南美洲传染病是卡里翁病。这种疾病由白蛉携带，由巴尔通体引起。巴尔通体是细菌退化成的立克次氏体属的一员（其他种类的巴尔通体会引起战壕热和猫抓病）。卡里翁病如今的死亡率约为40%。一些幸存者持续遭受皮肤损伤，这种损伤被称为秘鲁疣（*verruga peruana*）。卡里翁病是一种人类疾病，这与另一种美洲本土传染病莱姆病形成对比。莱姆病是通过蜱虫传播的，蜱虫通常以吸食野生鹿的血为生。莱姆病主要是一种动物疾病，只是偶尔感染人类。人类进入鹿居住的林地时，有时会遭到携带莱姆病的蜱虫的叮咬。莱姆病虽然使人虚弱，但很少致命。目前，莱姆病主要分布在美国东北部，但它在缓慢传播。在哥伦布发现新大陆之前，应该发生过零星的莱姆病感染，但总体上影响不大。

美洲缺少驯养动物

哥伦布到来之前，美洲大陆的人口相当多。现在的墨西哥国土上过去可能有2 000万到3 000万居民，印加帝国的人口有1 000万到2 000万，北美人口有1 000万到2 000万。考古证据和骨骼样本表明，这庞大的人口规模是在短期内形成的，它严重消耗了石器时代可用的自然资源。随着大型动物越来越少，人们的主食变得越来越依赖玉米。像在旧大陆一样，定居农业以低质量的饮食（多吃谷物、少吃肉）为代价，支持了更密集的人口。

几千年前，当旧大陆的人口以这种方式聚集在一起时，一系列流行病就出现了。从旧大陆的角度来看，新大陆早就该出现这种流行病了。一些证据表明，那时流行病在美洲大陆已经开始出现。阿兹特克人记录了几次瘟疫。特别是，在欧洲人到来之前的不到半个世纪，也就是15世纪50年代初，美洲大陆发生了干旱、饥荒和疾病。因为历史记载太模糊，所以我们无法确定地识别出发生的是哪一种疾病，不过，虚弱人群易感的斑疹伤寒是一个合理的推测。

毒力强大的流行病不会凭空出现。事实上，旧大陆的大多数流行病都是由家畜感染引起的。在大多数动物被驯养之前，移居美洲的人群（美洲原住民）就已经与其他人类分离，他们带去的唯一驯养动物是家犬。进入美洲大陆之后，他们驯养的动物很少，有火鸡、疣鼻栖鸭、豚鼠、大羊驼和羊驼（后两者来自同一个野生祖先）。这些动物在被驯养之前，并不以庞大兽群的形式存在，而且在被驯养之后，它们的数量仍然相对较少。例如，大羊驼从未散布到安第斯山脉以外。直到大约11 000年前，当末次冰期结束时，大群的马和牛才在新大陆出现。这些兽群是亡于古代印第安猎人，还是亡于不断变化的气候，这是有争议的。无论是哪种情况，它们的灭绝都意味着当地“缺乏适合驯养的动物”，因此，新大陆缺乏人类新传染病的主要来源。

加勒比地区的第一场流行病

尽管天花通常在袭击美洲原住民的一连串瘟疫中占据首要地位，但它实际上并不是第一种登陆的瘟疫。1494 年，一场流行病从哥伦布的船上蔓延开来，肆虐伊斯帕尼奥拉岛（Hispaniola，如今分属海地和多米尼加共和国）。从那里，它被传播到古巴、牙买加和其他的加勒比群岛，这场流行病一部分由西班牙人传播，一部分由逃离海地的岛民传播。当时，大约三分之一的西班牙人生了病，尽管很少有西班牙人死亡，但有大量岛民死亡。这种疾病的身份至今仍是个谜。疟疾、天花、黄热病、细菌性痢疾都是嫌疑犯，但没有一个符合要求。后来这些疾病确实一一袭击了美洲，并且在它们到达的时候被识别了出来。根据观察到的症状，几位研究人员认为，1494 年发生的流行病是某种肠道感染。

最近的一个理论认为，这应该是加那利群岛提供给哥伦布船队的猪传播的流感。因为这种疾病传播得极其迅速，感染比例高，这些是典型的流感特征。此外，大多数症状都与猪流感的致命暴发相吻合。然而，也有反对意见。在 16 世纪 50 年代，一场大流感确实侵袭了新大陆，它已经得到了确认。此外，16 世纪的流行性感冒在欧洲人中还很新鲜，死亡率约为 20%，远高于 1494 年西班牙人的死亡率。人们很难想象，传播速度像大流感这样惊人的病毒不会传播到大陆。然而，1494 年的流行病似乎并没有蔓延到加勒比地区以外。人们也很难想象，整整三分之一的西班牙人在登陆伊斯帕尼奥拉岛之前没有感染过流感。我们猜测大部分西班牙人在航行的早期就已经被感染了，并产生了免疫力，有一两个后发的人携带着病毒，从而使病毒没有消失，直到这一两个人抵达美洲。尽管一种异常的流感病毒毒株仍然是合理的“嫌疑犯”，但是 1494 年大暴发的疾病身份现在仍然不能确定。

流行病席卷美洲大陆

1518 年，天花传到伊斯帕尼奥拉岛，开启了蔓延美洲大陆的第一次大规模疫病流行。那里距墨西哥很近，天花在 1520 年到达墨西哥，刚好及时地“支援”了殖民者科尔特斯，将他从阿兹特克人的反击中救了出来。当时，阿兹特克人在人数上有压倒性的优势，他们将科尔特斯逐出了他们的首都特诺奇提特兰。对于科尔斯特等殖民者来说，一切都不乐观。但是，西班牙援军带来了天花，天花与西班牙人并肩作战，摧毁了阿兹特克人，而那些没有被天花杀死的阿兹特克人也被吓坏了。从那时起，旧大陆的病毒军团就成了殖民者的开路先锋。皮萨罗到达印加帝国之前，天花已经于 1525—1526 年到达，完成了它的“开路”工作。当权的印加皇帝和他的直系继承人都死于天花，争夺印加皇位的内乱随之而起。与科尔特斯不同，皮萨罗没有遇到重大的军事抵抗。

粗略估计表明，美洲总人口中约三分之一死于天花。大城市拥挤的人群死亡率无疑更高，而许多较小的、孤立的社区，幸免于遭受最严重的影响。这与天花在日本首次出现时（8 世纪初）非常相似。当时，日本城市人口约三分之二甚至更多死于天花，死亡人口占总人口的约三分之一。可见，天花对美洲印第安人的影响并没有什么神奇之处——把旧大陆人口暴露于新的、致命的感染中，也会产生同样的影响。

天花之后来到美洲大陆的是麻疹，欧洲人和美洲人的易感性差异更大。天花仍然会杀死欧洲人（尽管其死亡率低于美洲印第安人），而麻疹很少会让欧洲人病死。1530—1531 年，麻疹先是在阿兹特克地区肆虐，然后跟随天花的脚步，蔓延到南美洲印加帝国的领地。1546 年，第三次大型流行病随之而来，其身份仍不确定。无论如何，这些连续的瘟疫流行，最终杀死了 95% 或更多的美洲原住民人口。耐人寻味的是，接下来的一场大规模瘟疫流行则相当不同。1556—1560 年，流感肆虐欧洲。据估计，英格兰 20% 的人口死亡，尽管欧洲大陆的记录不太完整，欧洲其他地区的死亡情况恐怕也不相上下。没错，有 20% 的人口死亡，流行性感冒对当时的欧洲人来说，仍然是一种比较新的疾病，危险性仍然很高。1556 年，日本也记录了“暴力咳嗽”的暴发，据报道有大量的人死亡。流感可能来自中国，在那里，来自猪、家禽、人的不同病毒毒株杂交，产生了新的变种。1556 年的流感于 1558 年传到了美洲，这也是第一次真正意义上的“世界性流行病”，在旧大陆和新大陆都造成了大量死亡。

在接下来的几百年中，许多其他的旧大陆疾病（如腮腺炎、白喉）传播到了新大陆，天花、麻疹这两个最大的杀手不时暴发。

相对孤立的部落往往幸运地在几百年间都没有接触到这些流行病。但北美的曼丹（Mandan）部落在 1837 年从几千人减少到只有 30~40 人。流行病暴发时，他们被苏族人（Sioux）团团围住，挤在一起，无法逃脱。在 1903 年一名传教士到访之前，南美洲的卡亚波（Cayapo）部落一直处于安全的隔离状态。但到了 1927 年，这个部落已经从大约 7 000 人减少到不到 30 人。

流行病的宗教含义

原住民成批死亡，这令入侵北美的基督徒相信，他们占领美洲是上帝的旨意。相反，阿兹特克人和印加人觉得他们自己的神生气了，认为神抛弃了自己而选择了保佑欧洲人。双方都不了解疾病的本质，但导致美洲印第安人大量死亡的同一种疾病杀死的欧洲人很少——这一事实对双方而言是决定性的。阿兹特克人、印加人意志消沉，幸存者很容易成为天主教传教士的“猎物”，继而皈依上帝。崇拜“胜利者的上帝”是有道理的。

建立普利茅斯殖民地的清教徒相信，上帝是为了清教徒的利益而清除了印第安人。只有神的干预，才能解释为何印第安人难以置信地大量死亡，而殖民者基本上毫发无伤。根据清教徒领袖科顿·马瑟（Cotton Mather）的说法：“树林里的有害生物几乎全被清除了，以腾出空间，让林木更好地生长。”清教徒认为自己受到了上帝的青睐，或许他们会这么想并不奇怪。毕竟，在科学向人类揭示微生物的存在之前，没有其他令人信服的解释。

当时，一个突出的神学问题是美洲原住民的起源。如果创造亚当、夏娃的伊甸园位于中东某地，那么在哥伦布抵达之前，美洲的人口是从哪里来的？许多清教徒认为，是魔鬼把印第安人引诱到了美洲。这里与世隔绝，魔鬼可以自由地统治印第安人，而不用担心福音的介入。

天花、麻疹和其他病毒性疾病首次出现时无疑摧毁了旧大陆的文明，就像哥伦布登陆之后的几年里它们也摧毁了美洲的文明一样。人们对于席卷美洲大陆的瘟疫的反应，让我们对古代欧洲人和古代亚洲人的行为有了一些了解，他们在可信的记录存在之前的很长时间里也曾面临类似的灾难。入侵者和被入侵者都认为，大量死亡的原因可能只有一个——上帝的旨意。入侵者确信，他们占领美洲是上帝的旨意。当我们发现旧大陆的古代文化完全相信胜出是因为上帝站在自己一边时，我们很可能会推测，这种确信或许是出于同样的原因。例如，《圣经》讲述了上帝的使者如何在一夜之间杀死了 185 000 名亚述人，从而解除了亚述人对耶路撒冷的围困。

故意发动的生物战

1763 年，在法国–印第安人战争期间，北美英军总司令杰弗里·阿默斯特勋爵（Lord Jeffrey Amherst）下令将被天花污染的毯子分发给敌对的印第安部落。埃屈耶（Ecuyer）上尉把匹兹堡的天花医院的毯子送给了两位印第安酋长。俄亥俄山谷的印第安部落暴发了严重的天花，但引发天花的是不是毯子仍然有争议。毕竟当时天花已经在该地区流行，所以才会有天花医院。还有许多其他故事提到殖民者把被天花或麻疹污染的物品送给北美印第安人，殖民者故意传播疾病的故事是殖民地民间传说的一部分。

直到19世纪晚期，人们仍然认为疾病起源于泥土、污水、垃圾、沼泽以及由此产生的瘴气。于是我们看到，1699年，一位德国传教士评论道："印第安人轻易就死了，西班牙人的外表和气味就让他们魂飞魄散。"许多殖民者可能认为，接触脏东西（如天花患者睡觉用的毯子）是传播这种疾病的必要条件。他们目睹天花或麻疹毁灭印第安人之后，自然得出结论：印第安人不知何故接触了受污染的材料。所以，许多传说故事可能是后来的"合理化推测"，而不是历史观察。

今天，我们知道麻疹、天花的病原体搭乘感染者的飞沫，通过空气在人与人之间传播。虽然病毒在感染另一个受害者之前，确实可以在惰性物体上存活一段时间，但这远不如直接的飞沫传播有效。一旦欧洲疾病传入美洲大陆，它们在传播时几乎不需要凭借外力的帮助，并且经常会担当欧洲入侵者的开路先锋。例如，1616—1617年，一场大型流行病摧毁了马萨诸塞湾地区。清教徒直到三年后才登陆，那时原住民人口早已大为减少。

奴隶制与非洲疾病

美洲原住民大量死亡的一个结果是：廉价劳动力短缺。殖民国家的回应是从旧大陆输入奴隶，这些奴隶因为来自旧大陆而对旧大陆的疾病有一定的抵抗力。实际上，这意味着被奴役的非洲人带来了各种热带疾病，尤其是疟疾、黄热病。这两种疾病在新大陆的热带地区造成了巨大破坏，并且至今仍是南美洲部分地区面临的主要问题。当然，这些疾病在欧洲人中也很流行，无论是否有奴隶贸易，这些疾病最终会传到美洲。

人们有时认为，许多人类疾病起源于非洲。毫无疑问，因为非洲是人类的起源地，所以一些原始的人类疾病（如疟疾、伤寒、疱疹）来自非洲。然而，撒哈拉以南非洲的人口密度直到最近都很低。旧大陆的大多数流行病不太可能起源于撒哈拉以南非洲。美索不达米亚、印度河流域、黄河流域、尼罗河流域的密集人群，更有可能是人类疾病的起源地。

暴露于大陆疾病的岛屿

太平洋岛屿与欧亚大陆的其他部分隔离开来，遗世独立，所以毫不奇怪，欧洲的各种“发现新世界的航行”对太平洋岛屿原住民产生的影响，和它们对美洲原住民的影响相同。例如，1875

年，麻疹传到斐济岛，造成了 25%~30% 的人口死亡。因为分散的岛屿散布在广阔的海洋中，那些更小、更孤立的岛屿直到不久前才被感染。它们通常一次只接触一种新的疾病，这使其人口可以在另一种疾病到来之前恢复。

中世纪早期，英伦诸岛、日本列岛都与邻近的大陆相对隔绝。在人们建造了更高效的船只以及贸易变得显著频繁之后，这两处群岛才与各自邻近的大陆达成了传染性平衡。结果，因为来自疾病肆虐的大陆的流行病，英国、日本都经历了人口锐减。在中世纪相对较晚的时候，两地的人口密度仍远远小于邻近的大陆。日本人口在 12—14 世纪越过了“流行病阈值”，翻了一番，而在英国，越过这一阈值被推迟到 14 世纪中期黑死病结束之后。

霍乱与善意

说教者经常把流行病的传播归咎于帝国主义和剥削压榨。然而，无论是传染病病原体还是它们的昆虫病媒，都不服从人类的道德规范。携带着它们的人类是否有道德，既不能加快，也不会阻碍这些传染病的传播。请想一想霍乱的传播。19 世纪初，第一次全球霍乱大流行期间，英国船只将源自印度的霍乱带到了阿拉伯的马斯喀特（Muscat）。1821 年，英国在那里部署了一支远征军来镇压蓄奴和贩奴的行为。随着奴隶贩子的撤退，霍乱从马斯喀特蔓延到非洲东海岸，然后蔓延到波斯湾和中东的大部分地区。

群体之间的大多数接触是贸易的结果，而不是入侵或慈善这两种极端情况的结果。不管人类的动机如何，天花、麻疹、流感等病毒的传播所需要的只是“人类的密切接触”。如果科尔特斯航行到美洲只是为了与阿兹特克人进行贸易，他仍然会带去天花、麻疹、流感；即使科尔特斯是受某国际慈善机构差遣，去提供援助和大行慈善，他还是会带去病毒。总的病亡人口在各种情况下都会差不多。

生物隔离的问题

不同的学者提出，斑疹伤寒和肺结核在哥伦布到来之前就存在于新、旧大陆。如果是这样的话，那么这些传染病病原体的祖先必定在大约 1 万年前就和迁徙的人类一起穿越了白令海峡（当时是陆桥），然后和它们的人类宿主一起被分别隔离在海峡的两边。这违背了一条重要的生物学原则：微生物进化很快。经过 1 万年的隔离，任何微生物的新大陆后代和旧大陆后代都应该在 DNA 序列上有显著的不同——在临床症状上或许也有显著的不同。事实上，在新大陆和旧大陆上分别导致南美洲锥虫病和昏睡病的锥虫物种是非常不同的。锥虫是原生动物寄生虫，其进化速度大大慢于导致斑疹伤寒和肺结核的细菌。从进化的角度来看，如果在不同的大陆上分离上万年，这种细菌的后代与其祖先的差别会大到认不出来。

这种生物学上的考虑暗示，在哥伦布到来之前，斑疹伤寒和肺结核应该存在于新大陆或者存在于旧大陆，而不是同时存在于两个大陆。如果新、旧大陆是相互孤立的，我们就不得不为种种感染选一个起源地了。但是，从传染性微生物的角度来看，欧亚大陆和美洲大陆到底有多相互孤立呢？

实际情况是，鸟群会定期迁徙穿越大西洋，沟通了欧洲与美洲。1999 年，西尼罗河病毒在纽约出现，正是这种情况导致的微生物学后果。西尼罗河病毒以吸血昆虫为媒介，会感染多种鸟类。在美国，它由蚊子传播。这种病毒广泛分布在非洲和中东，但在 1999 年以前未见于美洲。鸟类携带病毒穿越了大西洋。DNA 分析表明，病毒起源于以色列的家鹅。因为在现代，鸟类有时会在船上休息，昆虫可能被飞机意外携带，这些现代才有的可能性让问题变得更复杂了。

斑疹热和立克次氏体

根据阿兹特克人和印加人的记载，哥伦布登陆前的美洲曾出现某种斑疹热。被称为立克次氏体的退化细菌会引起这组密切相关的疾病。立克次氏体远小于典型的细菌，它们已经退化，变得高度依赖它们所感染的宿主细胞，以至于不能像正常细菌那样在培养中生长。

立克次氏体通过虱子、跳蚤、蜱虫传播。它们主要传染动物，当立克次氏体的携带者从动物身上跳到附近的人身上并叮咬他们时，立克次氏体就会传染给人类。存在两大类立克次氏体斑疹热，每一类都含有几种密切相关的感染，临床上很难区分，因为它们都会引起斑疹和发热。其中最著名的是斑疹伤寒，它因摧毁拿破仑大军而闻名。斑疹伤寒通常被认为是旧大陆的疾病，而其他斑疹热（如落基山斑疹热）则起源于新大陆。然而，事情并不像看起来那么简单明了。

鼠斑疹伤寒主要感染老鼠等啮齿动物。它的传播媒介是跳蚤和虱子，经由啮齿动物跳上或爬上人类的身体，跳蚤和虱子可以将鼠斑疹伤寒传给人类。流行性斑疹伤寒是一种已经适应了人类的衍生疾病，它由人身上的虱子携带。复杂的疾病（如疟疾、黄热病）通常不会杀死它们的昆虫媒介，同样，鼠斑疹伤寒也不会杀死传播它的跳蚤或虱子。相比之下，流行性斑疹伤寒确实会杀死人身上的虱子，这表明，流行性斑疹伤寒是一种较新的变种，还没有完全适应其携带者。

斑疹伤寒的起源还不确定

没有人能说清楚那年代久远的报告中记载的到底是不是斑疹

伤寒。斑疹伤寒的第一次明确暴发是在 16 世纪初，当时法国和西班牙正在争夺对意大利的控制权。从一开始，斑疹伤寒就与战争联系在了一起，而且它似乎特别不喜欢法国人。1528 年，法国人在因斑疹伤寒而损失 3 万人后，被迫从那不勒斯撤退，他们大概是从西班牙人那里染上了这种病。斑疹伤寒从西班牙暴发，然后在欧洲蔓延。根据西班牙学者华金·维拉尔巴（Joaquin Villalba）的说法，1557—1570 年的斑疹伤寒造成了伊比利亚半岛大部分地区的人口减少。这个时间线和地点支持了“斑疹伤寒可能来自新大陆”的观点。

人们有时会提到，15 世纪暴发于德国或法国的瘟疫可能是斑疹伤寒。在英格兰，1444 年暴发的监狱热导致 5 名狱卒和 64 名囚犯死亡。在最近几个世纪，监狱热已经被用来指代某种斑疹伤寒。然而，在各种疾病还没有被分门别类的过去，人们在监狱里生的病都叫监狱热。

中国医学名著《肘后备急方》列举了 4 世纪远东地区的各种疾病，其中包括“沙虱毒”或“日本江河热”，现代人通常将其称为丛林斑疹伤寒或恙虫病。《肘后备急方》给出的症状是发烧、身体疼痛、皮疹。符合这些症状的疾病有好几种，但是如果有严重的疼痛，就表明可能是登革热。它在远东地区很普遍，是由蚊子传播的。

1576 年，斑疹伤寒席卷墨西哥，估计造成了 200 万人死亡。据说，西班牙人很少死亡。这与华金·维拉尔巴所说的 1557—1570 年的斑疹伤寒导致伊比利亚半岛人口减少的说法不太一致。

阿兹特克人口中较高的死亡率也不支持这种疾病起源于美洲的说法。然而，我们应该记住，斑疹伤寒是一种典型的寒冷气候疾病，依靠肮脏衣服所隐藏和携带的虱子传播。如果斑疹伤寒真的来自美洲，它可能来自更冷的印加山地，而不是中美洲。因此，对墨西哥人来说，斑疹伤寒很可能是一种新的疾病，是由西班牙人从秘鲁带来的。

斑疹伤寒和相关的斑疹热，似乎起源于新大陆（虽然我们不能确定）。和西班牙人接触之后，斑疹伤寒和西班牙人一起到了欧洲。在欧洲，在接下来的几百年里，因为战争为斑疹伤寒提供了一种方便的传播方式，所以它的毒力增强了。尽管绝大多数的疾病传播是从旧大陆传到新大陆，但新大陆似乎也还以颜色，输出了斑疹伤寒和梅毒（见第7章）。诚然，这很难称得上是“公平交易”，但这可以表明，致命的感染并不都像人们常说的那样是单向传播的。

那么，北欧海盗呢？

事实上，哥伦布并不是发现美洲的第一人。哥伦布之前，发现美洲的还有北欧海盗（维京人）。981年，埃里克·索瓦尔松（Eiríkr Thorvaldsson，他更为人所知的名字是“红胡子埃里克”）探索了格陵兰岛。埃里克的父亲被逐出挪威，去了冰岛生活。埃里克本人又被逐出冰岛，因此他向西航行和探险。后来他发现了格陵兰岛。回到冰岛后，他带领一支由 25 艘船组成的探险队前往格陵兰岛，因为那里的牧场比冰岛的好。“红胡子埃里克”将这个岛命名为“格陵兰”（意思是绿色的大地），看来是想吸引定居者。“红胡子埃里克”的儿子“幸运儿列夫”（Leif the Lucky）从格陵兰岛出发航行，抵达美洲大陆的纽芬兰。北欧海盗称美洲大陆为“文兰”（Vinland），他们在那里定居了大约三年，然后被美洲印第安人赶走了，他们称这些印第安人为“野蛮人”（Skræling）。人们虽然从格陵兰岛出发，数次探访“文兰”，但没有进一步尝试定居。

请注意，“野蛮人”并没有被北欧海盗从欧洲带来的疾病消灭。这与阿兹特克人遇到西班牙人时的情况形成了鲜明的对比。这是否意味着，在这段历史时期，天花、麻疹、流感在欧洲并不流行？另一种解释是，冰岛作为这些航行的中转站，人口太少，不足以让这些疾病传播。任何被从欧洲大陆带到冰岛的流行病都会自行消失。因此，北欧海盗出航时相对清洁无菌，于是未能消灭“野蛮人”，未能殖民北美。

尽管北欧海盗似乎没有给美洲带去什么引人注目的病毒性流行病，但他们可能带去了其他不太引人注目的感染。他们携带着斑疹伤寒吗？斑疹伤寒由寄生在人类头发和衣服上的虱子传播，人们在远洋航行期间不换不洗的脏衣服是虱子生活和繁殖的天堂。因为毛皮大衣比炎热地区人们穿的缠腰布更容易滋生虱子，所以斑疹伤寒通常见于寒冷地区。如果斑疹伤寒当时存在于欧洲，很难想象远航中的北欧海盗没有带着斑疹伤寒。那么，在这里，我们可以设想一种可能的情况：在西班牙入侵美洲之前，欧洲的疾病斑疹伤寒已经被北欧海盗带到了美洲。

格陵兰岛的北欧海盗（维京人）定居点一直持续存在到14世纪下半叶。这一时期，地球气温降低，使格陵兰岛变得越来越寒冷，也越来越成为一片不毛之地。但是，对格陵兰岛的最后一击是瘟疫。14世纪中期的黑死病杀死了斯堪的纳维亚半岛和冰岛的约半数人口，并以其为跳板，约在1350年的冬天袭击了格陵兰岛。细节我们已经不得而知，但是当挪威人在15世纪早期访问格陵兰岛时，他们只发现了荒废的村庄。大概，这些格陵兰人还没有将黑死病传播给“野蛮人”，自己就都死掉了。

10

城市化和民主

Urbanization and democracy

城市——人口的聚集地

城市文明的发展掩盖了一个重大的悖论。显然，中东和古希腊城邦的形成是人口增长的有力证据，西欧的城市化也与人口的全面增长相伴。鲜为人知的是，直到进入工业时代之后很久，城市的死亡率还高于出生率。因此，中世纪城市的人口一直需要农村移民的补充。在城市扩张的大多数主要时期，人口增长实际上发生在农村地区。城市本身对人口的影响是负面的。

城镇中的死亡主要是传染病造成的。城镇中婴儿的死亡率通常超过 50%。婴儿期幸存下来的人中，许多也没能活到成年。在中世纪的欧洲，总体预期寿命是 25~40 岁。随着工业化的推进，预期寿命提高，婴儿死亡率下降。然而，即使在英格兰，大多数城镇也直到 18 世纪才不再需要农村移民来维持人口数量。而“中世纪农村地区是健康的”也仅仅是指农村的人口是净增长的。农村婴儿的死亡率和预期寿命不像城镇那样糟糕，但按照现代标准来看，那些数字仍然是可怕的。许多（也许是大多数）幸运地活过了婴儿期的农民会死于肺部真菌感染——这种疾病源自感染他们庄稼的孢子。相比之下，城镇是细菌性和病毒性疾病的家园，这些疾病是我们现代城市文化更熟悉的。

城市中的病毒性疾病

人口密度增大再加上人口涌入城镇，导致了只在人类中传播的高传染性病毒性疾病的出现，如天花、麻疹、腮腺炎、风疹（或称“德国麻疹”）。到了工业时代，这些疾病大部分已经成为儿童疾病，很少导致死亡。虽然天花仍然是一个重要的死亡原因，但它也变得不那么危险了。735—737 年，天花杀死了大约 75% 的感染者，杀死了日本一半的人口。到 19 世纪末，重型天花的死亡率约为 20%，而当时正在流行的是一种被称为类天花或轻型天花的变种，死亡率只有 1%~2%。感染轻型天花会让人对更危险的天花类型产生免疫力，于是事情似乎有可能是这样的：如果顺其自然，那么在一两百年内，轻型天花就会取代重型天花，使天花成为一种类似麻疹的儿童疾病。实际发生的是，通过接种疫苗，人类的干预根除了天花。最后的自然天花病例发生在孟加拉国——1975 年发生重型天花，1977 年发生轻型天花。

城市中的细菌性疾病

细菌的进化速度不如病毒快，所以人类所患的大多数新的细菌性疾病仍然是人畜共患病。我们可以把日益增长的城市人口中的细菌性疾病分为三大类：直接在人与人之间传播的疾病、通过污水传播的疾病、通过昆虫传播的疾病。在人与人之间传播的细菌性疾病通常是通过人们咳嗽或打喷嚏散布到空气中的飞沫传播的，它们直到最近在城镇和城市中还是很常见，例如猩红热、白喉、百日咳、肺结核。它们的传播方式类似于麻疹和天花，但传播效率更低。发达国家已经通过疫苗接种在很大程度上消灭了其中的大多数。

我们在第 4 章中看到，古印度文明的崩溃可能与霍乱或类似的通过水传播的疾病有关。在罗马帝国之后，人们死于伤寒、痢疾和一系列较轻的腹泻疾病变成常态，尤其是在供水面临被污染风险的拥挤社区。随着技术的进步，这些疾病在工业化国家已经逐渐消失。今天，各种引起腹泻的沙门氏菌菌株和大肠杆菌菌株因为危害公共健康而再次引起人们的注意，它们一般不是来自供水系统，而是来自受污染的食品，尤其是加工过的肉类。

黑死病

典型的通过昆虫传播的细菌性疾病是黑死病，或称腺鼠疫。14 世纪中叶，它杀死了欧洲约一半的人口。它在亚洲、中东、北非这些人口更稠密的地区很可能造成了同样严重的破坏，尽管只有欧洲有详细的记录。后来，小规模的腺鼠疫不时在欧洲暴发，直到 17 世纪为止。

腺鼠疫是由鼠疫耶氏菌引起的，它能感染许多动物，尤其是啮齿动物。由此，它可以通过跳蚤传播给人类以及他们的猫狗。为什么跳蚤会离开毛茸茸的动物（如老鼠）密集毛发的庇护，跑到相对无毛的动物（如人类）裸露的皮肤表面上呢？跳蚤没有选择。跳蚤有不同的种类，它们倾向于待在自己已经适应了的那些动物身上。但是如果该动物死了，跳蚤就不能再获得它所需要的新鲜血液了，所以必须找到一个新的宿主。当老鼠死于瘟疫后，它们身上的跳蚤就会离开，寻找新的动物来寄生。鼠疫蚤实际上不能在人类身上存活很长时间——我们的血液不能给其提供均衡的营养。但是鼠疫蚤咬一口就足以传播瘟疫。鼠疫蚤最终会因营养不良而死亡，但伤害很可能已经造成。

在自然界中，鼠疫细菌会感染野生啮齿动物，如中亚的旱獭和黄鼠，或者它们的亲缘种类，如北美的地松鼠、花栗鼠。它只会引发轻微的症状，通常不会比人类患重感冒的症状更严重。当野生啮齿动物离开了它们正常的生活环境，它们会将腺鼠疫传染给与人类密切接触的老鼠。家鼠与它们的野生亲戚不同——家鼠会得重病，并会被瘟疫杀死。然后，它们身上的跳蚤会寻找新的动物来寄生。这就是瘟疫流行的开始。中世纪的黑死病大流行可能是亚洲北部草原地带气候变化的结果。对啮齿动物来说，气候变化带来的是几年的好日子和接下来几年的坏日子，大量啮齿动物没有了食物。因此，一些啮齿动物向南扩展了活动范围。这使它们接触到活动于南部的其他啮齿动物，这些啮齿动物又接触到了亚洲的人类社会，跳蚤和鼠疫耶氏菌也随之传入人类社会。

气候变化:“小冰期”

在1347年瘟疫袭击欧洲之前的大半个世纪，情况一直在恶化。尽管14世纪的欧洲人口只有欧洲目前人口的10%或更少，但当时欧洲的人口已经过多了，当时的耕种面积和技术水平不能生产出足够的食物。750—1200年，情况相当不错：农作物产量增加，人口增加。1200—1350年，欧洲变冷，变潮湿。瑞士阿尔卑斯山高处的牧场被冰川覆盖，直到几百年后才重见天日。15世纪，英国的泰晤士河结冰超过12次。自史前著名的末次冰期以来，欧洲的气候可能没有什么时候比“小冰期”时更糟糕了。

大约从1250年开始，欧洲开始陷入贫困。农作物产量下降，人口的增长迫使人们更加依赖单一的主要作物——欧洲的主要作物是小麦，不像亚洲是大米。人们食不果腹，粮食品种日趋单一，营养不良蔓延开来。农作物轮作难以实现，所谓的休耕土地也种植了谷物，以努力用增加的少量食物养活更多的人。这耗尽了地力，产量进一步下降。从大约1290年到1347年黑死病到来之前的时间里，农作物歉收日益严重，这导致西欧大部分地区频繁发生饥荒。在此期间，饥饿都伴随着肠道感染，如伤寒、痢疾，这导致欧洲人口减少了10%~20%。然后，亚洲大草原传来了欧洲人口问题的“解决方案”——黑死病。

黑死病解放了欧洲的劳动力

人类人口的复原能力非常强，如果1347年的黑死病是一段时间内唯一的一次瘟疫暴发，那么即使死亡率高达50%，人口也会很快恢复。黑死病真正的可怕之处在于，在接下来的300年里，它不断暴发。首次暴发后的头100年是最糟糕的，其间，每一代人都受到瘟疫的侵袭。人口减少持续了100多年。在黑死病消失前的100年左右，流行病逐渐消退，人口开始复苏。短期看，欧洲被彻底摧毁了。然而，我们必须区分短期灾难和长期的积极影响。关于黑死病的影响，前人已经写了很多，所以我们不需要在此过分详细地回顾证据。公认的长期益处主要有以下几点。

14世纪的人口崩溃中止了欧洲饥荒和贫困的恶性循环。简而言之，人少了意味着田地多了，因此，每个人能获得更多的食物。

的确，在早期，黑死病造成的混乱导致了当地的饥荒，但这些都是短期影响。社会调整适应后，人口减少的好处变得很明显。由此导致的劳动力稀缺意味着劳动者（尤其是熟练工匠）变得更有价值了。政府试图代表土地所有者控制工资，但失败了。亏待农民就会导致农民跑掉，即使那些亏待是合法的。劳动力的需求如此之大，以至于受益于新移民的雇主和地主可能会对"禁止劳动力流动"的规定视而不见。劳动力的流动性和更高的工资不仅提高了大多数普通人的生活水平，而且使得整体经济更加市场化。

这种劳动力短缺也让人们更有兴趣探究用更少的劳动力获得更多产出的方式。更多的机械化、更好的技术，以及作为现代西方科学基础的实验方法的出现都可以追溯到那个时代。这并不是说黑死病之前没有技术进步，那时也有技术的进步，但是因为人力充沛，节省劳动力的设备显得不那么重要。人口减少只是让人力和技术的这架天平更倾向于技术，技术变得更重要了。

欧洲的死亡率和自由

鞑靼人把黑死病从亚洲大草原带到了克里米亚。从那里出发，瘟疫被带到地中海周围的欧洲、中东、北非。瘟疫于 1347 年登陆欧洲，整个欧洲的死亡率从较幸运地区的 25% 到受灾最严重地区的 60% 以上不等。

意大利受灾最严重的城市之一是佛罗伦萨，那里的人生动地记录了这种恐怖：

> 在每一个教堂，或者说在大多数教堂，他们挖又宽又深的沟，深达水位线，宽度和深度取决于教区有多大。那些与死者有关的人在死者死去的那一夜背着其尸体，并将尸体扔进沟里；要不然就花大价钱，请人代行此事。第二天早上，如果壕沟里尸体太多，他们会用泥土盖住尸体。然后更多的尸体被放在上面，上面再放些泥土。他们一层一层地放，就像一个人在千层面上铺多层奶酪一样。
>
> ——马尔基奥内·迪科波·斯特凡尼（Marchione di Coppo Stefani）写于14世纪70、80年代

根据薄伽丘（《十日谈》的作者）的说法，1347—1348年，佛罗伦萨有超过10万人死亡。现代学者通常指责薄伽丘夸大其词，因为当时佛罗伦萨的人口估计只有8万左右。现在人们对佛罗伦萨死亡率的估计在45%~75%。尽管古代作家经常夸大其词，但现代学者的一个缺点是倾向于低估。在我们这个接种疫苗和进行消毒的时代，我们很难想象这么多人会在短时间内死于传染病。

一个未解决的关键问题是：对历史上人口数量估计的准确性。在最近的美国人口普查中，大量贫民区居民没有被计算在内。关于美国人口被低估的比例，人们仍有争议。也许更密切相关的是

第三世界那些人口过多的城市的情况。马尼拉或墨西哥城有贫民窟居民（住在周边棚户区的居民）的准确名单吗？如果明年埃博拉病毒席卷印度的加尔各答，死亡的人数很可能会超过官方在册的人口。

城市中的死亡率通常较高，但在寒冷潮湿的地区，鼠疫倾向于从腺鼠疫变异为更致命的肺鼠疫。因此，虽然斯堪的纳维亚的人口密度较低，但那里还是受到了沉重打击。东欧是最后受到鼠疫攻击的地区，时间在1350—1351年，而且，因为未知的原因，东欧的死亡率最低。有趣的是，受瘟疫打击最严重的地区是那些后来自由和西方技术发展得最快的地区。请记住，在这一历史时期之前，欧洲文化的顶峰一直是以东方正在衰落的拜占庭帝国为中心的，而西欧相对落后。黑死病暴发过后，情况发生了逆转。

因此，东欧在短期内更幸运，但从长期来看就不那么幸运了。黑死病在东欧造成的死亡人数是在西欧造成的一半。因此，东欧的混乱和人力短缺不像西欧那样极端。贵族地主和教会能够保持对东欧大部分地区的控制，其结果是，直到20世纪，东欧仍然贫穷且相对落后。当我们将西欧繁荣的社会及先进的技术与东欧的贫穷相比较时，14世纪人口崩溃的长期好处也许显得最为明显。在现代工业民主的形成过程中，技术、繁荣和宗教自由是缺一不可的。

黑死病与宗教

黑死病对宗教的影响是矛盾的。对于中世纪的人来说，这么多人在短短几年内死亡只能被认为是来自天堂的信号。其影响是加强了人们对上帝的信仰，但也让人感到有些事情不对头。普通教区神父的高死亡率表明，在黑死病期间，大多数神父仍然忠于他们的教众。然而，在此期间，教会作为一个整体失去了权威和人们的尊重。在黑死病之前，逝者在遗嘱中会将大约 25% 的遗产捐给教会。瘟疫发生后，虔诚的商人和贵族没有向教会捐款，而是建立了私人慈善机构，于是大笔资金脱离了教会的控制。此外，教会的大部分财富以土地的形式存在。在瘟疫导致人口崩溃之后，工资上涨，食物价格下跌，这让土地收益远不如人口崩溃之前。因此，教会失去了人们的尊重，随之而来的是教会收入受损，教会的影响力也就减弱了。

趋势越来越变成切断同宗教机构的联系，个人直接与上帝交流了，这导致了对用当地语言写成的《圣经》的需求，以及对教皇宗教垄断的反抗。教廷在此期间处于混乱状态，因此加剧了这种趋势。事实上，1378—1417 年，有两个互相竞争的教皇，一个在意大利，另一个在法国。这无助于改善教会的形象。在英格兰，约翰·威克里夫 (1324—1384) 和罗拉德拒绝服从教会的权威，而是强调《圣经》的权威。牛津大学教授威克里夫将《圣经》翻译成了英语，并宣扬反对天主教机构，尤其是反对多明我会和方济各会。威克利夫说：“修士们通过虚伪、谎言、偷窃把孩子们从基督的宗教中拉到了他们的私人修会中。”莱斯特大学的卡农·纳森（Canon Knyghton）回应称，威克里夫把《福音书》的英文版卖给了“俗人和能阅读的女人”，这如同把珍珠送到猪的脚下。宗教分歧越来越大，其最终结果是宗教改革。新教传遍了欧洲西北部，这最终带来了宗教自由。

白色瘟疫：肺结核

欧洲西北部的最后一次鼠疫流行是1665年的伦敦大瘟疫。西地中海地区最后一次暴发是在1720—1721年的法国马赛及周边地区。这些晚期暴发不光是仅仅局限于局部地区，而且死亡率也低于大流行早期。黑死病已经过去，控制欧洲人口增长的重担暂时落到了天花和肺结核（一种新的细菌性疾病）身上。黑死病患者皮肤上会出现紫黑色的斑点，而肺结核患者会脸色苍白，慢慢消瘦。所以肺结核有时被称为“白死病”，与黑死病形成对比。更常见的说法是，这是一种“消耗病”，因为它会慢慢地把病人耗尽。

营养不良，尤其是蛋白质的缺乏，会降低人对肺结核的抵抗力。这是18—19世纪肺结核在工人阶级儿童中迅速传播的一个主要因素。健康的身体会以两种方式攻击侵入肺部的结核细菌：它会在肺组织中产生对结核细菌有毒的一氧化氮，还会用层层免疫细胞阻止存活的细菌进一步入侵。低蛋白饮食削弱了这两种反应，肺结核在非洲造成的影响说明了这一点。20 世纪 30 年代，东非的基库尤（Kikuyu）部落因肺结核遭受了重大损失，而与之有联系的、邻近的马赛（Maasai）部落遭受的损失要小得多。基库尤人主要是素食农民，但马赛牧民以肉、奶、血制品为食。

1650 年，肺结核导致英格兰 20% 的人口死亡。在下一个世纪，它导致的死亡比例下降了，可能是因为这一时期天花开始流行。到 19 世纪初，肺结核又成了头号杀手。从 19 世纪中期开始到 20 世纪 50 年代，肺结核死亡率稳步下降。20 世纪初，欧洲和美国的城市居民基本上都检测出结核菌素阳性，这表明他们都被感染过。然而，很少有人患有活动性肺结核，这表明当时大多数欧洲人都有抵抗力。1926 年，德国吕贝克的一场悲剧导致 249 名婴儿被注射了致命的肺结核细菌而不是疫苗株。其中只有 76 名婴儿死亡，也就是说，即使是免疫系统未能完全发挥作用的婴儿，其中约 70% 也有抵抗力。从 20 世纪 50 年代开始，抗生素的发现几乎根除了工业化国家的肺结核。

现代卫生的兴起

随着 19 世纪的进步，科技和工业化带来了现代卫生。干净的水、抽水马桶、下水道、肥皂，加上更好的营养和更好的住房，它们大大降低了传染病的发病率。易于清洗的廉价棉质内衣裤的大规模生产也有助于卫生事业的进步。关于细菌导致疾病的知识让“可接受的举止行为”发生了改变。塞缪尔·佩皮斯（Samuel Pepys）写于17世纪60年代的日记告诉了我们这一点：

> 我坐在后面一个黑暗的地方，一位女士朝身后吐了一口唾沫，无意中吐到了我身上，她没有看到我。但我发现她是一位非常漂亮的女士，于是就一点也不以为意了。

如今，吐痰是不礼貌的——即使是美女，即使是吐到地板上，也是不文明的表现。

在20世纪，疫苗和抗生素完成了始于市政工程的工作。婴儿死亡率下降到一个正在消失的点。今天，工业国家的居民的预期是在度过古稀之年后死于心力衰竭或癌症，这样才算得享天年。吸烟和吐痰一样，也已被列入禁止行为的名单。然而，对健康威胁更大的过量进食，相比之下却没有得到多少负面报道。

虽然平均来说，擦洗、洗发、消毒和接种疫苗肯定更有利于健康，但是卫生措施过当也会带来不利的一面。也许第一个被注意到的例子是特殊的脊髓灰质炎病例。从19世纪80年代的瑞典开始，在卫生水平提高的国家，脊髓灰质炎的发病率上升了。而在卫生标准仍处于工业化之前的国家，这种事情则没有发生。大多数脊髓灰质炎病毒感染病例没有明显症状，少数人有轻度发烧和腹泻，在极少数病例中，病毒会渗透到肠道之外，攻击神经系统，导致下肢瘫痪。这些不幸的少数人引起了人们对这种疾病的关注。

脊髓灰质炎是一种肠道疾病。脊髓灰质炎病毒所属的病毒大家族中的各种病毒亲缘关系都很近，这些病毒都通过人类排泄物污染水源而传播，并且会感染肠道内壁。这些病毒引起的肠道不适通常很轻微，没有明显症状。在卫生条件较差的社会里，所有的孩子都会在婴儿期被该病毒大家族中的成员感染，因此获得免疫能力。因为这些病毒亲缘关系很近，所以对其中一种病毒免疫会让人对其他病毒能够部分或完全地免疫。因此，在较差卫生条件下长大的儿童绝大多数在感染脊髓灰质炎之前至少部分地对它免疫。随着卫生条件的改善，感染这个家族病毒的病例急剧减少。如果这时儿童感染了脊髓灰质炎，他们不太可能预先被一种毒性较弱的近亲病毒赋予免疫能力。结果将是更具攻击性的感染，偶尔会导致瘫痪的悲剧。幸运的是，人工免疫现在已经在很大程度上消除了发达国家的脊髓灰质炎，并且在世界范围内，人类在消除脊髓灰质炎方面也取得了重大进展。

尽管出现了这些小挫折，到了 20 世纪中叶，抗生素和免疫的综合作用，加上早期市政工程和卫生方面的进步，发达国家已经消除了大部分传染病，虽然也发生过一些逆转，但这无疑是科学家的一大胜利。

欧洲殖民帝国的崩溃

今天的工业化国家在工业化之后获得了现代的卫生和医疗保健条件。因此，在工业革命开始之前，传染病一直控制着它们的人口。相比之下，大多数第三世界国家在工业化之前是从发达国家获取基本的现代卫生和医疗保健条件的。因此，第三世界国家的人口增长很少受到传染病的控制。

随之而来的大规模人口增长破坏了欧洲殖民帝国的繁荣。因此，大英帝国有着与罗马帝国相反的问题。罗马人耗尽了劳动力，而英国人被过剩的人口压得喘不过气来。因此，今天发达国家和第三世界国家之间的主要差异在某种程度上是人口密度过大和传染病的一种后遗症。

有抵抗力的人?

从 14 世纪到 20 世纪，欧洲人口遭到了腺鼠疫、天花、肺结核的残酷筛选（这里仅列出“三大主犯”）。正如前面提到的肺结核，许多幸存者身上显然发生了遗传改变，使他们产生了抵抗力。但是“物竞天择”到底选择了什么呢?

我们知道，有些遗传改变会赋予人对特定疾病或一组相关传染病的抵抗力。正如我们在第 4 章中已经讨论过的，囊性纤维化基因的改变可以防止人因腹泻而脱水。众所周知，有多种基因突变可以预防疟疾（见第2章），尽管它们不会影响温带地区的城市居民。人们在大约10%的欧洲人体内发现了CCR5Δ32基因突变，这种基因突变赋予了人对艾滋病的抵抗力。有人认为这种突变是由腺鼠疫或天花引起的，然而，最近的数据显示，这种突变在大约3 000年前的青铜时代欧洲人身上出现的概率是相同的，其出现远在腺鼠疫或天花流行之前。因此，是什么推动了CCR5Δ32突变，这仍然是个谜。

预防多种感染的两个主要因素可能是行为改变和免疫系统的改变。当面对瘟疫的威胁时，聪明到（或者懦弱到）会逃走的人生存的可能性会大大增加。甚至在黑死病期间，也有一些孤立的村庄几乎毫发无伤地躲过了瘟疫。在中世纪，富人睡觉时往往同伴较少——无论相伴的是人类还是啮齿动物。历史记载证实，睡在挤着十几个人的稻草床房间里的城市贫民会比富人更容易死于疾病。

现代的基因数据表明，我们至少有1 000个基因在大脑中以格外高的水平被表达。破译哪些基因影响着大脑的哪些功能或行为的哪个方面，以及探究它们是否显示出最近的进化选择迹象，是一项艰巨的任务。目前，我们只能靠推测。然而，就我个人而言，我很难拒绝相信，大规模流行病至少在某种程度上选择了增加智力，以及能减少感染可能性的行为。谨慎（或怯懦）程度高、偏好孤独生活，这些特点也应该受到了命运的青睐。

多干净是“过分干净”？

让人能够广泛抵抗多种传染病的另一种可能的因素是更具攻击性的免疫系统。我们的免疫系统必须小心地保持平衡。如果免疫系统反应过于谨慎，传染病可能会获胜；如果免疫系统会被轻易触发，我们会损伤自己的身体组织。显然，免疫系统的最佳设置取决于遇到危险传染病的可能性。因此，城市中的瘟疫可能喜欢过度兴奋的免疫系统。尽管这在当时是有益的，但它可能会增加自身免疫的问题，从过敏、哮喘到关节炎和多发性硬化症。自身免疫的问题在人口稠密的工业化国家最为普遍，而在第三世界人口中则少见得多。

另一种观点认为，在发达国家，自身免疫问题的发生率高是因为卫生水平。婴幼儿护理手册中通常不会推荐吃土，但是越来越多的证据表明吃土可能不是一个坏主意。如果儿童只是摄入经过消毒的无菌食品、服用过多的抗生素、接种疫苗，而不是从自然感染中获得免疫力，那么，他们的免疫系统会以一种不平衡的方式发展。这与工业化国家人们免疫系统紊乱概率的上升有关。通过自然接触培养了免疫力的儿童很少遭受这些痛苦。此外，传统上被认为是罪魁祸首的污染、尘螨、有毒化学物质、感冒，现在已经基本上被“免罪”了。虽然让婴儿接触危险的传染源是愚蠢的，但在某种程度上，接触“干净”的土可能不是一件坏事。

我们现在处在什么阶段?

不管是好是坏，我们现在生活在与我们的采集狩猎祖先截然不同的人工环境中。我们的基因被改造的方式也刚刚露出一角。那么，未来会怎样？我们将在最后一章思考我们在未来与传染病的冲突。

11

新型疾病与我们的未来

Emerging diseases and our future

流行病和人口崩溃

今天，地球上大约有 60 亿人和 5×10^{30} 个细菌。我们每个人对应 10^{21} 个细菌。目前，我们人类的数量正在微微增多。但是，这种增长趋势会持续吗？历史上，人口增长并非一帆风顺。增长时期之后往往是人口崩溃。下一次人口崩溃将在何时发生？会怎么发生？

最早的有可靠记录的大规模人口崩溃发生在罗马帝国，是 165 年和 251 年的不明瘟疫导致的综合结果。查士丁尼瘟疫于 542 年全面暴发，在 750 年之前一直有次级的流行——这段时期是另一个欧洲、中东人口大规模减少的时期。从 750 年前后到约 14 世纪50年代，人口不断增加，社会走向繁荣。在英格兰，人口从1000年到1348年大约增加到了之前的3倍，达到约400万。后来，由于黑死病，剩下的人口不到先前的一半，直到大约250年后的17世纪初，人口才恢复到1348年的水平。欧洲、北非、中东、中国在同一时期经历了类似的灾难性人口下降。在新大陆，从1492年开始，旧大陆的疾病传入美洲，其导致的多次重大死亡事件结合在一起，导致了一次大规模的人口崩溃。

大约自1600年以来，虽然有肺结核和其他传染病肆虐，但世界大多数地区的人口在稳步增长。今天，传染病的威胁也在加剧。工业国家受到财富和技术的保护，可以免受贫穷国家所遭受的感染。然而，尽管第三世界国家苦于贫穷、人口过密、营养不良和卫生设施缺乏，但其人口仍在持续增长。我们是否可能在不久的将来被某种新的瘟疫打败，继而遭受另一次大规模的人口崩溃？这是一个争论激烈的话题。

各种新发疾病

对艾滋病、疯牛病、埃博拉的广泛宣传已经设下了一种基调。事实上，现在每一种传染病都被争相认定为一种新发疾病。白喉的暴发在苏联解体后呈上升趋势，梅毒的暴发在美国同性恋者中呈上升趋势。这些是新发疾病吗？恐怕不是。的确，社会秩序或卫生方面的局部失误为常见疾病提供了短暂扩张的机会。然而，“新发疾病”这个说法，意味着其中应该有真正新颖的东西，它威胁着一个原本以为传染病已被征服的世界。将一种疾病定义为“新发”，需要它在四个主要领域中的一个或多个发生了变化。

真正出现新的传染病是罕见的。许多所谓的新发疾病，其实已经在人们的忽视下存在了很多年，直到最近才引起我们的注意。还有一些疾病确实是新的，来自遗传变化和宿主物种之间的相互作用，最明显的例子是艾滋病。

认识的变化

许多“新”疾病显然已经存在了一段时间，只是最近才被人们发现。一些以前未被人们注意到的疾病包括军团病和莱姆病。100 年前，死于军团病的人可能会被归为死于肺结核。现在肺结核病例的减少意味着人们会更容易注意到这种“影响肺部的罕见疾病”。同样，黄热病的发病率因为接种疫苗而下降，这进而暴露出了许多不太常见的、曾被与黄热病混为一谈的热带发热疾病。众所周知，腹泻、肝炎等症状可能由多种病原体引起，其中许多只是在最近才被单独确认，包括丙型到庚型的肝炎病毒。

还有一些疾病未被注意到是因为它们只发生在偏僻的地方，或主要发生在底层社会。几百年间，殖民拓荒者和美洲印第安人无疑断断续续有人患上莱姆病，但直到这种疾病开始影响悠闲的地主士绅，人们才开始对其进行调查研究。

致病病原体的变化

艾滋病、疯牛病这样的全新疾病时有出现。这些传染性病原体是新近出现的，在我们这个时代之前，从未有过暴发的记录。疯牛病虽然奇异独特，却很少致人死亡，它的影响主要在经济方面。

以灾难性致死疾病的标准来衡量，艾滋病、疯牛病其实有同一种缺点：无效传播。如果艾滋病是由昆虫传播的，或者疯牛病像麻疹一样是通过空气传播的，我们将会面临真正的大灾难！大概大多数传播机制有效的疾病已经在传播之中。而仍然潜伏在阴影中的、默默无闻的疾病可能自有其“无闻”的原因——它们不能有效地将自己传播给人类。尽管关于新奇事物的报道占据了媒体头条，但我相信，更大的真正危险会来自能有效传播自己的已知疾病。如果麻疹或流感变得高度致命，我们可能会面临大规模死亡的真实可能性。

旧的疾病可以进化得善于自保，免受人类的反击。它们可能会对抗生素产生耐药性，或者改变自己的表面结构，通过“斗智”战胜免疫系统。每一次新的流感疫情都是流感病毒改变了一次其表面特性的结果，而 HIV 突变得如此迅速，以至于一个病人体内的病毒就出现了多种变异。

旧的疾病能进化出新的攻击方式。它们可能会获得新的毒力因子（像大肠杆菌 O157 菌株那样），或重组它们的基因，不时产生致命的变体（像流感那样）。还有一些疾病通过改变入侵的组织而进入新的领地。一个很好的例子是螺旋体的进化：能够引发梅毒并损伤生殖器官的螺旋体是从导致雅司病的螺旋体进化来的。

人口的变化

免疫系统有缺陷的人容易被感染。艾滋病的流行造成了史上最多的免疫系统有缺陷的患者。这反过来又使得许多新的“机会性疾病”得以传播。免疫系统有缺陷的人还有被药物的副作用损害了免疫系统的人，以及越来越多的老年人。营养不良也使人更容易受到多种传染病的侵袭。正如我们在第 3 章中所讨论的那样，人口密度越大，疾病的毒力就越强——这在第三世界不断增长的城市中尤其如此，那里糟糕的卫生状况加剧了这种效应。

人类的遗传改变可能会解决一个问题，但也会增加人面对其他问题时的脆弱性。囊性纤维化突变的一个拷贝可以预防伤寒和霍乱等疾病，但是如果两个拷贝的基因都有缺陷，肺部就更容易被各种细菌感染。

有史以来的多种基因变化使得大多数欧洲人相对能够抵抗天花、麻疹、肺结核和许多其他疾病。因为我们不知道这大多数突变是什么，所以对其可能带来的副作用一无所知。

患者与病菌接触方式的变化

多种因素可以极大地改变传染性微生物找到合适潜在患者的可能性。地震、洪水、台风、风暴等自然灾害为疾病传播提供了暂时的机会。一般来说，当灾难过去后，相关的传染病也会消失。气候变化会造成更持久的长期影响。特别是，更高的温度会让昆虫扩散到新的地区，给这些地区带去疟疾、黄热病等疾病。

战争、革命、政治动荡导致的公共卫生崩溃可能让旧的疾病卷土重来。苏联解体后疫苗接种项目的中断导致了白喉病例的激增。

开辟新的定居地或者毁林开荒会使人们接触到以前未知的疾病，如埃博拉。实际上，更为严重的是某些创造了新的静水体的灌溉工程，这使得携带疟疾、黄热病、登革热的蚊子得以扩散。砍伐和破坏森林也方便了携带疾病的昆虫的扩散。科技进步也有可能适得其反，比如更高效的食品技术依赖于更大的加工量，这使局部的细菌污染传播得更广，导致近年来大量肉类被召回。空调设备也为军团病开辟了新的机会。

肺结核“卷土重来”

肺结核不是一种新型疾病。事实上，它恐怕不能被归类为“卷土重来”的疾病。我们把它算在其中是因为它受到了公众的关注。在工业革命期间，肺结核在欧洲城市蔓延。到20世纪中期，第一种有效的抗生素出现了，这时肺结核在欧洲已经基本绝迹了。在过去的几百年里，大量发生的肺结核已经杀死了大多数易感的人，抗生素只是在工业化国家给了这种流行病最后一击。今天，估计只有10%的白人易患肺结核。

因此，肺结核并不是“卷土重来”了——这种始于17世纪欧洲的流行病一直未曾绝迹，它只是从发达国家消失了。今天，肺结核正无情地蔓延于世界各地，并且在以前没有接触过它的人群中扩大着蔓延之势。今天，肺结核每年造成大约300万人死亡，其中大多数在第三世界国家。20世纪20年代芝加哥的数据显示，黑人患肺结核的概率是白人的6倍。请记住，大约75%的美国白人是在美国内战到第一次世界大战之间进入北美的欧洲人的后裔。因此，这些白人来自曾暴露于肺结核的人群，而黑人则不是。第二次世界大战后，在第三世界国家不断扩张的城市的拥挤贫民窟中，肺结核找到了新的潜在感染者。在吃肉较少的贫穷国家，蛋白质含量低的饮食会大大增加其国民的易感程度。

疾病在不断出现

野生动物中经常会出现大规模死亡的现象，其中大多数没有被人们注意到。被当地农民或猎人注意到的大多数案例没有被记录下来，而记录下来的又大多从未得到过解释。例如，1994年，阿肯色州的白头海雕染上了一种神秘的疾病，许多白头海雕死亡。一些大规模死亡可能是新疾病导致的结果。也许一种现存的传染病变异成了一种更致命的形式，或者一种疾病从另一种动物身上传播了过来。这种新的疾病如此致命，以至于它消灭了种群中的大部分个体，然后，因为没有更多的潜在患者可以被感染，所以新疾病自身也灭绝了。毫无疑问，这种情况在早期人类居住区发生过多次，当时的人口密度还不足以让新疾病持续传播。在每一种成功攻击过人类的新疾病的背后，有很多多次攻击人类却无果而终的疾病。如果一种疾病最终"战功"赫赫，或者找到了一种新的宿主，它可能在成功之前已经进行过多次尝试。让我们看一看最近一些有名的疾病吧。

拉沙病毒、汉坦病毒、埃博拉病毒是最近登上头条的三种新兴病毒。这三种病毒都曾经存在于数量很多的小型动物体内。拉沙病毒和汉坦病毒由啮齿动物携带，埃博拉病毒最有可能是由蝙蝠携带的。就像携带黑死病的亚洲的旱獭一样，拉沙病毒、汉坦病毒、埃博拉病毒的自然宿主的症状也相对轻微，而人类非常容易受到影响，在报告的疫情中，它们造成的人类死亡率与腺鼠疫造成的处于同一级别。

以上三种病毒，连同胡宁病毒、马丘波病毒、马尔堡病毒、阿尼昂尼昂病毒和其他几种新型病毒，大多是在 20 世纪 80 年代前后被发现的。然而，新出现的病毒其实并不多——只是 20 世纪 50 年代针对病毒的细胞培养技术的出现使得识别世界偏远地区的外来病毒成为可能。在此之前，培养病毒必须在鸡胚中开展，这是一个极其费力的、笨拙的过程，并不总能成功。在过去的三四十年里，很少有意义重大的新型病毒出现，尽管记录在案的病毒曾暴发于新的地方（如 1993 年美国的汉坦病毒）。最近的 2008 年末，拉沙病毒的一种近缘种类——卢约病毒（Lujo virus）——出现在了非洲南部。

尽管报道很多，但这些新型病毒几乎没有产生全球性影响。地球上每年大约有 5 000 万人死亡，其中约 1 600 万人死于传染病，其中，艾滋病、疟疾、肺结核导致的死亡各有约 300 万。每年死于新出现的病毒的人成百上千。例如，从 1976 年出现到 1996 年暴发，大约有 1 000 例官方报道的埃博拉病例，总死亡率为 80%。毫无疑问，还有几千名患者死于无人报道的孤立村庄，不过这个数字从全球范围看不算太多。

新型病毒有多危险？

这些新病毒值得担忧，但不必恐慌。想一想 1969 年发现于尼日利亚拉沙的拉沙热吧。拉沙病毒像埃博拉病毒一样，无疑已经存在了很长时间。它肯定曾在孤立地区不时零星暴发，但没有引起注意。它早期的暴发可能被误诊成了疟疾或黄热病的重症病例。拉沙病毒在其自然宿主小型啮齿动物中通常会引起轻微的长期感染。这种病毒会出现在尿液中，在干燥多尘的条件下可以被人类吸入。拉沙病毒在人体内毒力强大，并且存在时间短暂——在大多数情况下，病人也会很快死亡。患过拉沙热的人类幸存者在感染后的一个月内也会在尿液中排出病毒颗粒。

埃博拉病毒的情况也差不多，其名得自扎伊尔的埃博拉河。蝙蝠会感染埃博拉病毒，而包括啮齿动物在内的许多其他动物不会。符合人们对自然宿主预期的是，蝙蝠让病毒复制，但蝙蝠不会患重病。埃博拉在苏丹的暴发可以追溯到一家棉花工厂，那里的椽子是成千上万只蝙蝠的家园。乌干达的一次暴发被追踪到蝙蝠出没的基图姆洞穴。尽管如此，在人类疫情暴发的地方，人们并没有捕获携带埃博拉病毒的蝙蝠。因此，尽管蝙蝠是主要嫌疑人，但事情仍然没有定论。

然而，尽管埃博拉具有很高的致命性，但只有在最后阶段，当病人血液中充满病毒、全身出血时，它的传染性才会特别强。显然，在这个阶段，病人是动不了的。拉沙病毒和汉坦病毒也基本是这种情况。卫生工作者接触血液或组织样本可能会感染，但是偶然接触很少会感染病毒。1995 年，在扎伊尔埃博拉疫情暴发期间，28 名患者家属留在医院帮助护理病人（通常住在同一个房间，甚至是同一个床位），其中 17 人感染了埃博拉，而只是来探访的 78 人中则没有一个生病。同样，1990 年，一名从尼日利亚返回芝加哥的美国人住院并死于拉沙热。虽然医护人员在治疗他时没有采取特别的预防措施，但他没有传染别人，在病人死后人们才发现他感染的是拉沙热。

拉沙病毒、埃博拉病毒、汉坦病毒并不像人们最初认为的那样可怕。这三种病毒的"温和版本"的传播都非常广泛。20 世纪 80 年代对喀麦隆雨林的调查研究发现，15% 的俾格米人的血液中含有埃博拉病毒抗体，这意味着他们曾经被感染过，他们当中没有发生过明显的大规模死亡。同样，对尼日利亚和附近国家的大量非洲人的筛查发现，许多人有曾经感染拉沙热的迹象，但他们记得自己只得过轻微的疾病。

引发早期拉沙热疫情恐慌和埃博拉疫情恐慌的另一个因素是医院内的感染。1976 年扎伊尔埃博拉疫情的许多患者是在住院期间被感染的。病人体内的埃博拉病毒通过重复使用未经适当消毒的皮下注射针头传播给了其他人。用遭到埃博拉病毒污染的针头直接注射的人，幸存率不足 10%；从埃博拉患者那里染病的人中，则有 40%~50% 的人活了下来。拉沙热也有类似的情况。因此，当通过自然途径传播时，这些疾病的危险程度较低。

新发病毒的传播

有人认为，除非通过跳蚤、蚊子等媒介传播，强毒力的疾病不会传播得很远。诚然，一种疾病的较温和变种倾向于进一步传播。尽管如此，如果埃博拉病毒或拉沙病毒能够有效地感染人类，疾病仍可能会进一步传播，我们可以从天花和麻疹首次传入美洲大陆时发生的事情中了解到这一点。

那么，埃博拉和拉沙热的暴发为什么如此迅速？对于在人与人之间传播的疾病，有两个因素会影响传播。首先是被感染者接触了多少人，这取决于他能存活多久和能走多远。显然，这一因素抑制了更致命疾病的传播。其次是病毒在人传人时的传播能力如何，这取决于病毒本身的特性，并且差异很大。如前所述，尽管埃博拉病毒和拉沙病毒的毒力都很强，但它们都不会特别容易感染人。

此外，每有一个人接触到致命病毒（如埃博拉病毒或拉沙病毒），就有上千人接触到来自老鼠、蝙蝠、猴子、斑马、大象等动物携带的其他未知病毒。这些未知病毒中的大多数永远不会成为新闻头条，因为它们一旦进入人体，就会被人体免疫系统杀死。总之，人类对从未接触过的病毒可能会高度易感，但大多数未适应人类的病毒极易受到免疫系统的反击。偶尔会有奇特的病毒逃脱免疫系统的围剿，并造成巨大的伤害。但是因为这些偶然的入侵者不适应人类，所以它们很少能用有效的方法进行人传人的传播。

有效传播和真正的威胁

一种真正的新的人类瘟疫要出现，疾病的媒介必须进化获得（或本就拥有）某种方式，来有效地传播。最好的方式也许是通过空气传播，直接人传人，比如流感和麻疹。尽管麻疹和流感只杀死了它们的一小部分受害者，但它们杀死的人比所有新出现的病毒加起来杀死的还要多。这是因为它们感染了大量的受害者。

流感病毒通过快速突变以及在人、猪和家禽流感病毒毒株之间交换基因而发生变化。大多数新的流感病毒毒株只有微小的变化，但偶尔会发生重大变化，产生毒力增强的变种。在 20 世纪，大流感发生在 1918 年，而发生在 1933 年、1957 年、1968 年和 1977 年的流感令人印象不那么深刻。1918 年的致命流感的总死亡率只有 2%~3%，但是因为它感染了大多数人类，所以总的死亡人数是巨大的，根据不同的估计，有 3 000 万到 1 亿人。

1920 年，世界人口不到 15 亿，而在 2000 年，人口已经有 60 亿出头。因此，今天的人口密度大约是 1918 年西班牙流感发生时的 4 倍。正如我们所知，宿主的密度越大，就越有利于烈性传染病的传播。从流感、各种呼吸道感染到温和的普通感冒，它们的病原体是数百种不同的、不断变异的病毒。这些病毒非常适合在人类之间传播。或许，其中的一种——不一定是流感本身——迟早会产生一种致命的变种。正如路易·巴斯德所说的，机遇总是偏爱有准备的微生物。

流感的历史和未来

欧洲最早确定是流感的疫情分别发生在1510年、1557年和1580年。其死亡率高达20%，比近年来除1918年西班牙流感之外的流感都要高。几百年来，要么是流感变得更温和了，要么是人类变得更有抵抗力了。19世纪的大流感杀死了很大一部分人口，许多流感易感人口都在大流感中被杀死了。

流感是人、猪、家禽的共患病。大量的鸭子和猪生活在人类生活的领域附近，这为新流感的产生埋下了隐患。1957年的亚洲流感和1968年的香港流感是典型的例子。流感在鸡与人之间的直接传播非常罕见。一般来说，流感通过鸭子和猪传播。然而，在1997年的香港，有少数人死于由鸡直接传播的禽流感。好在这种流感病毒不会在人与人之间传播。未来暴发的流感不太可能是由禽类直接传播给人的病毒（既有高致命性又能人传人）引起的，但这仍然是一种令人讨厌的可能性。

1918—1919年的大流感

1918—1919年的大流感始于美国，并随着1918年4月参战美军的到来，蔓延至法国，又从法国蔓延到西班牙，它在那里开始引起公众恐慌（因此得名“西班牙流感”）。这种流感的行为很奇怪，因为其半数患者年龄都在 20~40 岁。死亡人数最多的是印度，可能有 2 000 万。在少数几个小社区，所有人都病倒了，无人照顾病人，近 50% 的人死亡。在欧洲人的后裔中，每 1 000 人中大约有 5 人死亡。非白人的死亡人数通常要高出 5~10 倍。在南非，许多狒狒和它们的人类“近亲”一起死去，虽然还不能确定，但是它们很可能是感染了西班牙流感。

人们经常认为，西班牙流感是由拥挤的战壕和运兵船引发的，并通过第一次世界大战的部队行军进行传播。然而，欧洲受到第二次世界大战的影响要大得多，在二战中，部队和难民的迁移规模比“一战”时更大。二战时拥挤的防空洞是流感等呼吸道疾病的理想滋生地。但是，从第二次世界大战开始到 1949 年，这段时间没有大规模流感暴发。一个相关的问题是，为什么二战后第三世界国家过度拥挤的城市中没有出现致命的流感病毒？这些问题表明，西班牙流感只是一个偶然的突变，从而形成了一种罕见的致命形式，恰好与第一次世界大战同步结束。部队行军可能会让疾病比在正常情况下传播得更快，但即使世界处于和平状态，这种新变种肯定也会通过贸易和民间旅行传播。

就在我写这一章的时候，2009 年 4 月，一种新型猪流感出现在了墨西哥。这种流感除了影响了墨西哥的旅游业之外，造成的破坏不大。虽然这种流感在某些方面是异常的，但它到目前为止仍是相对温和的。基于病毒在世界范围内的传播，世界卫生组织宣布这是一场“大流行”。大多数感染者已经康复，不再需要医疗护理。流感总是有可能变异成更致命的形式，但是现在看来，这次暴发不太可能带来大灾难。

疾病和气候变化

我们行星的温度在过去波动相当大。我们已经提到了中世纪早期可能最终引发黑死病的冰期。在格陵兰钻取的冰芯表明，气温在大约100年前达到了这段时期的最低值（小冰期），当时流经伦敦的泰晤士河在冬天结冰。从那以后，气温一直在缓慢上升。全球变暖将对传染病产生重大影响——大部分是坏的影响，因为疾病往往容易在更热、更潮湿的气候中滋生。

全球变暖的一个主要影响是会扩大蚊子及其携带的疾病，尤其是疟疾、黄热病、登革热的活动范围。以前基本上没有疟疾的温带地区可能会遭到大规模疟疾侵袭。砍伐森林和灌溉工程造成了大面积死水，这加剧了全球变暖的影响。其他害虫和热带疾病也将随之而来。

全球变暖加上降雨模式的改变也会影响通过水传播的疾病，包括霍乱。在美国，水污染导致的疾病暴发大多发生在降雨量异常高的时候。海洋温度升高和降雨量增加有利于霍乱暴发。额外的降雨增加了从陆地流入海洋的养分，这导致了海藻和浮游生物的大量繁殖。这反过来又使得生活在沿海水域的浮游生物体内的霍乱细菌得以繁殖。沿海水域的霍乱目前正从秘鲁向北移动，而最近一次大规模霍乱暴发发生在秘鲁。

由于气候变暖、变潮湿，洪水发生的频率可能会增加，这有利于疾病的传播，尤其是在卫生状况本就不佳的贫穷国家。洪水期间跑到室外的啮齿动物很容易传播疾病。一个例子是1994年印度苏拉特暴发的腺鼠疫。一场地震和随后的洪水导致数千人无家可归，人们向灾民提供了紧急物资。然而，成群的老鼠也被洪水冲了出来，它们在灾民中寻找食物和庇护所，同时传播瘟疫。

技术传播的疾病

技术的进步既为疾病关闭了大门，又为疾病开辟了新路。下水道清除了人体排泄物，减少了伤寒和痢疾。但下水道也提供了“高速公路”，或者更确切地说是“地下通衢”，让老鼠带着瘟疫快速移动。事实上，技术上的每一个重大变化都改变了感染的风险，今天也是如此。灌溉工程会导致疟疾和血吸虫病在非洲和亚洲的传播。

食品加工的变化使得美国食物中毒的病例增多，因为虽然更大批量加工的食品经济效益高，但也为细菌传播提供了更好的机会。在过去几年里，被大肠杆菌污染的汉堡和被沙门氏菌污染的花生酱已经屡次登上新闻头条。尽管并不新奇，但许多导致食物中毒的细菌确实携带着新获得的毒力因子。疯牛病是为数不多的真正的新型疾病之一，它的传播也是由畜牧业的变化引发的。

相比之下，军团病并不是新的疾病，但它从默默无闻中脱颖而出，确实依赖于新技术。军团杆菌可以在水箱或冷却塔中积累，当人们吸入由淋浴、通风设备、空调产生的气溶胶时，细菌就会传播。1976 年军团病在费城美国退伍军人大会暴发后，才首次进入人们的视野。由此，引起它的细菌被命名为军团杆菌，以纪念这些美国退伍军人。从那以后，酒店和其他机构也发生过零星的军团病暴发，但从全球范围来看，军团病只是一个小问题。工业化国家每年发生数百例军团病病例，死亡率约为 10%。在可预见的未来，这种情况可能会持续下去。

抗生素耐药性的出现

威胁除了来自真正的新型传染病，也来自获得了新能力的既有传染病。自从 20 世纪 30 年代抗生素问世以来，许多细菌已经进化出耐药性。抗病毒药物和用于控制携带疾病的昆虫的杀虫剂也面临类似的问题。先别慌，我们应该记住，在抗生素被发现之前，传染病的发生已经大幅减少。当时的卫生进步和疫苗接种已经消除了工业化国家的大多数危险传染病。

抗生素耐药性可能是新突变的结果，也可能是一种细菌传给了另一种细菌。即使在使用抗生素的早期，零星的耐药病例也出现过。其中大部分是因为被针对的细菌发生了突变，这些耐药菌株相对较少。在没有抗生素的情况下，大多数抗性突变对细菌有害。例如，对链霉素有耐药性的自发突变体在蛋白质合成方面有缺陷，对卡那霉素或新霉素有耐药性的突变体不能正常呼吸。这种情况让人联想起人类的突变，一方面人们因为突变对疟疾有了抵抗力，另一方面这种突变会导致镰状细胞性贫血；或者一方面对伤寒有了抵抗力，另一方面会导致囊性纤维化。在没有威胁的情况下（细菌不受抗生素威胁，人类不受疟疾威胁），耐药的突变菌株会逐渐消失。

更大的威胁来自可传播的抗生素耐药性。质粒是承载着额外遗传信息的环形 DNA，许多细菌都携带着它。一些质粒会从一个菌株转移到另一个菌株，并携带着“条件性有益基因”——这些基因在某些情况下对细菌有益，但在有些情况下却没有用，甚至对细菌来说是一种负担。质粒可以赋予细菌在稀有和不寻常的营养物质上生长的能力，它们也可以携带保护细菌抵抗抗生素或有毒金属的基因，而抗生素和有毒金属都是人类活动的结果。质粒上携带的抗生素抗性基因很少会干扰正常的细菌生长。质粒从外部引入额外的基因，而不是冒险改变重要的细菌基因，这往往会破坏抗生素，而对细菌没有有害的副作用。因此，即使在没有抗生素的情况下，抗生素抗性质粒的丢失也非常缓慢。一个质粒可以携带对多种抗生素有耐药性的基因。或者，一个细菌可以包含多个质粒，每个质粒赋予细菌一种抗生素抗性。无论哪种方式，结果都是细菌获得了对多种抗生素的耐药性，这种耐药性可以在细菌之间传播。

抗生素耐药性的出现是不可避免的。当生物被大量杀死时，一些有抵抗力的个体通常会存活下来并继续繁殖。尽管如此，抗生素耐药性的迅速蔓延还是因为人类的贪婪和愚蠢。农民经常在动物饲料中添加抗生素。这减少了动物传染病，可能让肉变得更便宜，但它还促进了耐药质粒的传播，这些质粒随后会转移到感染人类的细菌中。许多欧洲国家意识到，额外的医院护理费用大大超过“便宜肉”所节省的几块钱，因此，这些国家已经极大地限制了这种做法。

今天，农业消耗了大约三分之二的抗生素，而医疗只消耗了大约三分之一。第三世界国家正在成为这个问题的主要原因——他们对肉类需求的增加导致了抗生素的滥用。当工业化国家金盆洗手的时候，许多较贫穷的国家正在使用更多的抗生素来增加肉类的产量。在较贫穷的国家，选择哪种抗生素用于动物饲料的主要标准是价格。这削弱了发达国家日益增长的保留某些抗生素并将其专门用于人类的趋势。

另一个问题是处方过量。虽然抗生素只能杀死细菌，但医生经常把它们开到治疗病毒性感染的处方上，如用于治疗感冒和流感的处方。这种药物滥用在美国更加普遍。部分原因是，美国人希望得到某种东西来“治愈”他们。向所有工业国家中的民众解释“抗生素不能治愈病毒”实在是一个太难达成的任务。而反过来，医生们也害怕如果对病人“实话实说”，他们可能会失去病人信任，使得病人转而去求助另一位更乐于开抗生素的医生。医生还害怕因未能提供“适当的治疗”而被投诉。在英国，患有耳部或喉部感染的儿童只有在感染持续的罕见情况下才被给予抗生素。而在美国，“做了再说”不仅是昔日牛仔的通行证，也是今天中产阶级父母的座右铭。

对抗耐药性的一种方法是，发明新抗生素，替代旧抗生素。在发现第一种抗生素之后不久，人们就迫不及待地想发现新的抗生素，或对旧的抗生素进行化学修饰，从而产生新的抗生素变体。当大多数已知的细菌性疾病都有了治疗方法时，人们开始满足于现状。但最近，耐药性成为头条新闻，研究也再次兴起。尽管一些新的抗生素正在研发中，但是从实验室到医院，人们需要几年的时间才能研制出一种新药。随着新抗生素的使用，耐药性将不可避免地出现。我们可以预见，细菌和制药公司之间会发生持久的拉锯战。

质粒上的抗性基因来自哪里？像大多数抗生素一样，它们是大自然赐予的礼物。早在人类从青霉菌中分离出青霉素，或从链霉菌中分离出链霉素之前，这些抗生素就已被应用于土壤中的生物战了。在人类加入战团之前，细菌和霉菌同抗生素的战争就已经持续了很长时间。微生物们不仅开发出了抗生素来互相残杀，而且开发出了抵抗对方进攻的机制。青霉素被发现之前，人们所储存的一些细菌培养物就已经有了抗性基因。因此，对大多数抗生素的耐药性的出现可能早于人类使用抗生素。而越来越多抗生素的使用导致了这些抗性基因的传播。

疾病和食物供应

我们关注的是人类疾病，但请记住，活畜活禽和农作物也会被传染。现代农民倾向于严重依赖几种主要作物，很少实行轮作。单一作物的大面积种植为植物病害提供的机会，与过度拥挤的城市为人类感染提供的机会大致相同。温暖潮湿的天气变得越来越普遍，这有利于真菌侵袭植物。例如，20 世纪 90 年代，美国和加拿大暴发的小麦赤霉病造成了巨大损失。

主要粮食出口国的盈余减少，这让人口过剩的第三世界国家的粮食安全受到威胁，如果非洲或印度等热带地区的严重干旱与粮食出口国的主要农作物受损同时发生，结果可能是大范围的饥荒。2006—2007 年，世界粮食储备降至 57 天消费量，为 1972 年以来的最低水平。

也许，目前对我们的食物供应威胁最严重的是禾柄锈菌。1999 年，一种新的强毒力菌株出现在乌干达，因此它被命名为 Ug99。目前它已出现在非洲和亚洲的部分地区。由于孢子是通过空气传播的，这种真菌将不可避免地在世界范围内传播。培育抗病小麦品种正在进行中，但需要几年时间。

人口过剩与微生物进化

人口过剩不仅威胁人们的温饱，也为新的传染病的传播创造了条件。人越多、越拥挤、越不讲卫生、越营养不良，新的致命瘟疫出现的机会就越大。到目前为止，人类还处在领先地位。

一个相关的问题是，越来越多人的免疫系统出现缺陷。服用抑制器官移植排异反应的药物或服用治疗癌症的药物，会导致一些人的免疫功能低下；但免疫系统有缺陷的绝大多数人是艾滋病患者，他们受到越来越多的机会性疾病的侵扰。其中一些疾病很少感染健康人，但另外一些疾病，如肺结核，有时会感染健康人。在艾滋病患者体内，以前无害的微生物可以适应在人身上生长，而不会被免疫系统迅速清除。随着药物使艾滋病患者活得更久，机会性感染有更多时间来生长和进化。长期的抗生素治疗为抗生素耐药性的产生及耐药性向其他对免疫系统健康的人有威胁的细菌的传播提供了理想的条件。

预测未来

> 显然，未来还没有来。
>
> ——彼得·布鲁克（Peter Brooke），英国议员，1986 年

聪明的先知会小心翼翼地做出模糊的预言，这样，无论将来发生什么事，他们都可以立于不败之地。而且，人们不需要太多的洞察力就可以意识到，战争、地震、饥荒、瘟疫将在世界舞台上不断发生。

H. G. 威尔斯在其 1933 年出版的未来派作品《未来事物的形状》中，设想了一场新的瘟疫，它在 1955—1956 年消灭了地球上一半的人口，开启了一个新时代。尽管威尔斯说的这种流行病在很大程度上是以黑死病为原型的，但威尔斯所设想的这种“斑疹热”是随风飘散到世界各地的，而不是通过跳蚤传播的。他虚构的疾病首先在伦敦动物园圈养的狒狒身上出现。《未来事物的形状》是作为对未来的预测而写的，在当时，大多数科学家认为传染病将被根除，而不是将死灰复燃。

那么，我们应该预测些什么呢？首先，让我们考虑一下全球形势。由于西方工业化带来的卫生条件改善，全球婴儿死亡率下降，这造成了人口激增。尽管与工业化国家相比，第三世界国家卫生条件差、疾病猖獗，但其出生率仍高于婴儿死亡率。持续的人口爆炸是当今世界最重要的生物趋势。

人口密集，加上贫困，正在促进疾病的传播。肺结核目前是危害人类健康的主要传染病，但大多数感染者并没有发病。随着易感人群的死亡，第三世界的肺结核发病率将开始自然下降，就像 100 年前欧洲的情况一样。

在发达国家，艾滋病主要影响同性恋者和静脉注射毒品的人，对大众影响不大。它的主要影响，尤其是在美国的主要影响，是增加了市区患者的医疗支出，这将进一步扩大正在扩大的贫富差距。在非洲，以及较小程度上在其他第三世界地区，艾滋病将会减少滥交和营养不良的人，并有利于清教主义的传播。

在我看来，更严重的是疟疾和其他正在热带地区传播的虫媒感染。全球气温的上升促进了携带多种热带或亚热带疾病的昆虫的扩散。人类的建筑和灌溉工程也促进了昆虫的扩散，昆虫对杀虫剂的抗药性也在稳步增强。一个可怕的长期威胁是，热带病毒现在可能会被生活在寒冷气候中的昆虫携带并传播。

未来出现的疾病

逐渐发展起来的第三世界的城市是会出现新发疾病的真正危险区域。威胁不在于埃博拉或拉沙热可能会在拥挤的贫民窟中暴发，更危险的是，一些已经有能力有效传播的疾病在密集人群中传播时，其毒力可能会增强。一种能导致更高比例患者死亡的流感或麻疹的变异体很容易席卷一个拥挤的第三世界城市。人口越密集，这种突变出现和传播的可能性就越大。

这种病毒可以通过航空旅行传播到世界各地。随着城市市区的衰败，工业化国家的城市逐渐变得更容易遭到传染病侵袭。技术进步带来的一个矛盾效应是空气污染。汽车和炼油厂的废气杀死了空气中的大多数微生物，干净、纯净的空气却让它们得以生存。空气污染的减少使得微生物通过空气传播更容易。中央空调使得空气及其携带的各种细菌在一栋建筑内或机场建筑群内的所有房间循环。

郁郁而终，还是皆大欢喜？

> 世界末日的方式，不是轰隆一声，而是一丝呜咽。
>
> ——T. S. 艾略特

直到最近，大部分关于传染病的文章都以胜利收尾。人类技术一直在保护大家。人嘛，要吃，要喝，要快乐！（至少在死于癌症或心脏病之前，要这样生活。）最近，新传染病的出现，加上抗生素耐药性增加的问题，似乎预示着一种黑暗和毁灭的趋势——也许不是下一次暴发，也不是下下次，但很快一场我们无法控制的瘟疫就会出现。那时文明将会崩溃，即使我们生存下来，也会回归野蛮。

悲观者通常会选择一种高度致命的、会造成不可收拾的灾难的瘟疫。然而，以前的瘟疫很少摧毁整个社会。相反，瘟疫改变了社会。甚至中世纪的黑死病也是一个很好的例子。这很符合尼采的格言：“所有杀不死我的，都将会使我更强大。”西方社会病后重生，出现了改善，减少了限制。

然而，黑死病是一场可怕的灾难，我们当然不想仅仅因为希望未来有所改善而服下这剂毒药并遭受类似的经历。值得庆幸的是，虽然迅速提供足够的资源是一个大问题，但发达国家有能力将大多数可预见的流行病控制在合理的范围内。

然而，随着全球人口密度增大和全球旅行的持续增加，新的传染病病例将会稳步增加。人们可以想象，将要到来的不是一场毁灭性的瘟疫，而是越来越重的疾病负担。特别是，我们正在不断变异的病毒海洋中游泳。随着人口密度越来越大，事情正变得有利于毒力增强的传染性病原体变体的出现。

与此同时，现代技术正从西方传播到世界其他地方，尤其是亚洲，并且还在不断改进。从本质上说，我们已经卷入了一场高科技军备竞赛，竞争的对象是快速变异的病毒，其次是变化较慢的细菌。尽管我们最近遭受了一些挫折，但我们仍在取得胜利。在世界大多数地区，预期寿命和生活水平都在提高，尽管速度比 20 世纪慢。

中国、印度这两个人口大国都有快速发展的生物技术产业。事实上，青蒿素这种现在在第三世界最受欢迎的治疗疟疾的药物来自中国。尽管西方已经放缓了对药物的研发，特别是对新型抗生素的研发，但薪尽火传，我估计新兴的高科技国家将拿下接力棒，很快弥补这一不足。

新型传染病将继续出现，并将考验我们的医疗技术和医疗系统。在对待瘟疫的态度上，如果我们能在“得意忘形、麻痹大意”和“动辄反应过度、一日数惊”之间规划出一条稳妥的路线，我认为我们成功的机会是相当大的。

很久以前人们写下的迷人经典，至今仍然值得一读：

Daniel Defoe. *Journal of the Plague Year*. New York: New American Library, 1960. 该书初版于 1723 年。尽管这是一部虚构的作品，但作者生活在黑死病仍然存在的时代。

Florence Nightingale. *Notes on Nursing: What It Is and What It Is Not*. New York: Dover Publications, 1969. 该书初版于 1859 年。可爱的小老太太弗洛伦丝·南丁格尔出奇地直率、固执。她让将军们胆战心惊。她会让希拉里·克林顿相形见绌！

最重要的现代作品：

David Herlihy. *The Black Death and the Transformation of the West*. Cambridge, MA: Harvard University Press, 1997. 该书阐述了是黑死病孕育了西方民主这一观点。

Hans Zinsser. *Rats, Lice & History*. Boston: Little, Brown and Company, 1934（多次重印）。该书是从微生物学家的角度考察伤寒和历史的经典作品。

Paul W. Ewald. *Evolution of Infectious Disease*. Oxford: Oxford University Press, 1994. 该书从现代遗传和进化的观点看待传染病的进化，是一项开创性工作，相当具有学术性。

W. H. McNeill. *Plagues and Peoples*. Garden City, NY: Anchor Press, 1976. 该书总结和解释了流行病影响人类历史的观点。

聚焦窄，但引人入胜的书籍：

Aidan Cockburn and Eve Cockburn. *Mummies, Disease and Ancient Cultures*. Cambridge, U.K.: Cambridge University Press, 1980.

Mirko D. Grmek. Diseases in the Ancient Greek World. Baltimore: Johns Hopkins University Press, 1989.

Norman F. Cantor. *In the Wake of the Plague*. New York: Free Press, 2001. 该书讲述了黑死病如何重塑欧洲社会。

其他有趣的书籍精选：

Christopher Wills. *Yellow Fever, Black Goddess: The Coevolution of People and Plagues.* Reading, MA: Addison-Wesley, 1996. 该书初版由哈珀-柯林斯出版社在英国出版，书名为 *Plagues: Their Origins, History and Future*。

Dorothy H. Crawford. *Deadly Companions*. Oxford: Oxford University Press, 2007.

Frederick F. Cartwright and Michael D. Biddiss. *Disease and History*. New York: Dorset Press, 1972.

Jared Diamond. *Guns, Germs and Steel*. New York: W. W. Norton, 1998.

Laurie Garrett. *The Coming Plague*. New York: Penguin Books, 1995.

Michael B. A. Oldstone. *Viruses, Plagues, and History*. New York: Oxford University Press, 1998.

Richard Preston. *The Hot Zone*. New York: Random House, 1994.

流行病和感染相关的网站

http://www.cdc.gov/

美国疾病控制和预防中心

http://www.who.int/csr/don/en/

世界卫生组织疾病暴发新闻

http: //www.fda.gov/Food/FoodSafety/FoodborneIllness/FoodborneIllness/FoodbornePathogensNaturalToxins/BadBugBook/default.htm

FDA 关于食源性疾病的网站

http://fas.org/irp/threat/cbw/

美国生物和化学武器科学家联合会的网站

http://www.ifrc.org/

红十字会和红新月会关于灾难（包括流行病）的网站

http://www.mic.stacken.kth.se/Diseases/

卡罗林斯卡研究所（Karolinska Institute）关于疾病的档案